낙원을 훔친 강도

김세광

길과 진리

낙원을 훔친 강도

초판 1쇄 인쇄 2025년 3월 28일
초판 1쇄 발행 2025년 3월 28일

지은이 김세광
발행처 OnBook ㈜옵스웨이
출판등록 2007년 10월 4일 제2011-000094호
주소 서울 금천구 가산디지털1로 145 에이스하이엔드타워3차
전화 02-2624-0800
팩스 02-2624-0803
전자우편 onprint01@onprint.co.kr
홈페이지 www.onprint.co.kr

ISBN 979-11-88477-31-9

이 도서의 국립중앙도서관 출판예정도서목록(CIP)은 서지정보유통지원시스템 홈페이지(http://seoji.nl.go.kr)와 국가자료공동목록시스템(http://www.nl.go.kr/kolisnet)에서 이용하실 수 있습니다.

낙원을 훔친 강도

목차

· 서 론 ·

지금까지 수 천 년에 걸친 고정관념을 고친다거나 새로운 개념으로 바꾼다는 것은 참으로 어렵습니다. 아니, 거의 불가능에 가깝다 할 것입니다. 더군다나 이것이 믿음으로 고착화 되어 있다면 더욱더 어려울 것이 분명합니다.

이에 대하여 새로운 이론을 제기한다는 것 자체가 무모하고 어리석은 일일는지 모르겠습니다. 그럼에도 불구하고 이 글을 세상에 내놓는 것은 하나님의 말씀인 성경이 이를 뒷받침하고 있기 때문입니다.

무엇에 관한 이야기인고 하니 바로 젖과 꿀이 흐른다는 가나안 땅, 아브라함을 위시하여 이삭과 야곱, 그리고 이스라엘 백성에 이르기까지 하나님의 택함을 입은 백성들에게 언약으로 주어진 땅, 가나안 땅에 관한 이야기입니다.

성경은 온통 가나안 땅에 관한 이야기로 가득합니다.

가나안은 믿음의 조상들에게 언약으로 주어진 땅이요, 이 땅으로 인도하시는 하나님의 역사하심과 가나안을 얻고자 벌리는 전쟁 이야기, 그리고 가나안 땅에서 살아가는 이스라엘의 역사로 성경은 채워져 있으며, 그리고 육신을 입고 이 땅에 오시어 가나안 땅을 거니시며 역사하신 하나님의 아들, 예수 그리스도의 이야기로 성경은 채워져 있습니다.

결국, 하나님께서 아브라함, 이삭, 야곱, ...그리고 이스라엘 백성들, 즉 택함을 입은 자기 백성들을 인도하시는 최종 목적지가 마치 가나안 땅인 것처럼 믿고 있으며, 그렇게 가르쳐지고 있음을 보게 됩니다. 저 자신 목회를 하는 동안 그렇게 믿었고, 그렇게 가르쳐 왔다는 것을 솔직히 고백드리는 바입니다.

그러나 목회를 마치고, 정신없이 바쁘게 살아온 세월을 뒤로 하고 은퇴 후에 성경을 좀 더 깊이 생각할 기회를 얻게 되었습니다. 사실 한국의 목회자들은 너무도 많은 설교에 대한 짐을 지고 있지 않나 생각이 듭니다.

저 자신 일찌기 목사가 되어 은퇴하기까지 40년이 넘는 목회 기간에 어림잡아도 무려 15,000번이 넘는 설교를 하였다는 생각이 듭니다.

참으로 설교에 목숨을 건 목회였다는 생각이 듭니다.

부목을 둘 수도 없는 처지일 때도 있었고, 목회를 돕는 전도 사를 둔다하여도 성도들은 담임 목사가 설교하기를 원하는지라, 한주에 했던 설교가 주일 낮 예배 설교로부터 시작하여, 주일 오후 혹은 저녁 예배 설교, 수요일 저녁 예배 설교, 금요일 저녁

철야 기도회 설교, 그리고 7일간의 새벽기도회 설교, 나아가 특별 기도회 설교, 심방 설교, 절기 설교, 구역 설교, 특별 행사 설교에 이르기까지, 그래서 목회 대부분을 성경을 들여다보며 설교 준비에 시간을 보내었던 것이 사실입니다. 말씀을 듣는 성도들을 생각할 때, 어느 설교의 시간이라도 가벼이 생각할 수 없는 시간들이기에 무엇인가 달리 깊이 생각할 엄두를 내지 못하였던 시절이었습니다.

목회 현장을 떠난 요즈음 성경을 보며, 정말 그러한가 하고 말씀의 본질을 찾으려 힘을 더욱 기울여 봅니다.

숲 속에 들어가 있으면 산의 전체 윤곽을 볼 수가 없는 것입니다.

숲을 빠져나와 멀리서 산을 바라볼 때에야 비로소 산의 능선의 흐름과 산의 전체적인 윤곽을 볼 수가 있는 것처럼, 이제는 좀 더 객관적인 차원에서 성경의 전체적인 흐름을 보려고 힘을 기울여 봅니다.

이제 저는 감히 말씀드리고 싶습니다.

하나님께서 택하신 자기 백성을 인도하고자 하였던 <u>최종 목적지는 가나안 땅이 아닌, 소위 에덴 동산이라 일컬어지는 낙원이었구나</u> 라고 하는 사실을 말씀드리고 싶은 것입니다.

가나안 땅이 하나님께서 자기 백성을 인도하시는 최종 목적지가 아니라는 여러 가지 사실들에 관하여는 본문에서 자세히 기술하였거니와, 여기서는 간결하게 말하고자 합니다.

범죄한 아담과 하와를 쫓아 내신 후, 에덴 동산을 그룹들과 두루도는 불 칼을 두어 지키게 하시었으며, 귀하게 보존하셨습니다. 후에 택한 백성을 소위 낙원이라 일컫는 에덴 동산으로 인도하시려 하였으나 실패하였습니다.

수없이 많은 노력하심에도 불구하고 완악하고 목이 곧은 이스라엘 백성들로 말미암아 결국 모든 노력이 수포로 돌아가고 말았습니다.

하나님의 의도하심과는 너무도 괴리가 있는 길을 이스라엘 백성들을 걷고 있었던 것입니다. 심지어는 하나님께서 택하신 이스라엘 백성들을 광야에서 다 멸할까 하고 생각하실 정도로 말입니다.

결국 선하신 하나님은 당신의 독생자 예수를 이 땅에 보내시어 골고다 십자가의 위에서, 대속의 피를 흘리게 하심으로 모든 죄과를 사하시고, 이를 믿는 자마다 구원을 얻게 하사, 믿는 자에게 주시는 은혜로 그 동안 소중하게 보존하신 낙원으로 인도하신 것입니다.

임마누엘 하신 예수는 당신과 함께 십자가에 메달려 죽어가던 극악한 강도의 소원을 들어 주시었습니다. '당신의 나라에 임하실 때에 나를 기억하소서' 하고 간구하는 강도의 애절한 외침에 이같이 답하여 주셨습니다.

"오늘 네가 나와 함께 낙원에 있으리라."

하나님은 당신의 독생자 예수를 양무리의 목자로 이 땅에 보내셨습니다.

결국 성육신하시어 임마누엘 하신 예수는 당신을 믿음으로 따르는 양무리를 당신의 나라인 낙원(에덴동산)으로 인도하시기 위하여 보냄을 받았다는 이야기입니다.

이 사실은 하나님의 태초로부터 세우신 계획은 택하신 백성을 인도하고자 하는 곳은 바로 낙원(에덴동산)이었다는 것을 증거하고 있는 것입니다.

이에 대하여 본서를 대하는 모든 사람들에게 하나님께서는 믿음으로 구원을 얻은 주의 백성들을 낙원으로 인도하신다는 사실이 확신으로 와 닿기를 바라는 것입니다.

제1장

낙원을 향한 인류의 꿈

당신에게는 낙원에 대한 꿈이 있나요?

"열려라! 참깨"
이 주문은 '알리바바와 40인의 도적' 이야기에서 나오는 말이다.

40인의 도적 떼가 보물을 숨겨둔 동굴 문 앞에서 이 주문을 외우면 육중한 돌문이 열린다. 이 광경을 우연히 보게 된 알리바바의 형 카심은 도적 떼들이 동굴을 떠난 후, 동굴에 들어갔다가 엄청난 보물에 정신이 팔려 그만 문 여는 주문을 잊어버리게 된다. 주문 중 '열려라'는 생각났으나 '참깨'라는 주문을 잊어버리는 바람에 동굴에 갇혔다가 도둑들에게 잡혀 죽임을 당한다.

"달려라 달려~ 로봇야~ 날아라 날아~ 태권브이"

이 노랫말은 한 때 아이들의 심금을 뛰게 하던 '태권v'의 노랫말의 첫 소절이다. 로봇 태권V는 애니메이션 영화로 출시되어 엄청난 인기를 누리기도 하였다. 태권브이는 커다란 강철로 만들어진 로봇인 것이다. 극 중에서 태권v는 자기보다 훨씬 더 크고 웅장한 악당 로봇들을 물리친다. 그야말로 로봇들의 전쟁이다.

이러한 이야기들은 당시에 동화에나 나오는 이야기요, 현실과는 거리가 먼 이야기로 들렸으며, 머릿속에 있는 지어낸 이야기처럼 들렸다. 당시에는 황당한 그야말로 환상이요, 꿈에 가까운 이야기였다.

그러나 현재는 어떤가?

말 한마디에 주방의 불이 켜지고, 말 한마디에 철문이 열리며, 심지어는 그림자만 비처도 문이 열리는 시대가 되었다. 도저히 공상 만화 같은 일들이 현실이 되어있다. 그런가 하면 진정 이 시대는 로봇들이 전쟁하는 시대로 변하여 가고 있다.

토끼가 방아질 하는 달나라 이야기는 또 어떤가?

달에 사람이 간다라고 말하면 꿈같고 허황된 이야기하지 말라고, 정신 나간 사람이라고 주위의 눈총은 받았을 것이다.

그런데 현 시대는 어떤가?

현재는 실제로 달나라에 여행을 꿈꾸는 시대가 되었다. 실제로 여행을 계획하고 실행에 옮기려는 시대가 되었다.

이런 이야기들은 공상 만화요, 그냥 이야기꺼리에 불과한 사건들, 만화가의 머릿속에나 있을 실현이 불가능한 사건들이 우리 눈앞에 현실로 실현되고 있다.

저자는 여기서 동화 이야기, 만화 이야기, 공상 이야기나 하려고 이 글을 쓰는 것이 아니다. 역사 이래로 인류가 가지고 있는 꿈과 소망에 관한 이야기에 대하여 생각해 보고자 한다. 그렇다. 인류 모두가 꿈꾸는 낙원에 관한 이야기를 하고자 하는 것이다.

낙원에 대한 이야기,

역사 이래로 인류는 낙원에 대한 꿈을 가지고 있으며, 낙원을 찾고자 하는 노력을 계속하고 있다. 이러한 낙원에 대한 꿈과 노력을 마냥 공상이요, 단순한 상상으로만 치부할 수 있을까?

앞서 이야기한 것처럼, 꿈과 몽상가들의 이야기 같던 일들이 우리 눈앞에 현실로 이루어지듯이, 언젠가는 낙원이 우리 앞에 화려하게 펼쳐질 날이 오리라 저자는 확신한다.

보라!

한 두 사람의 뇌리에서 나온 공상 같은 일들이 현실이 나타나는데 하물며, 온 인류의 꿈이 이루어지지 않겠는가?

본 저자는 언젠가 있을 낙원에서의 삶을 꿈꾸며 이 글을 쓴다.

제2장

낙원을 찾아서

낙원(paradise)!

낙원을 찾고자 하는 열망, 그리고 그 곳에 거하여 살고자 하는 간절한 바램이야 말로 인류의 가장 큰 희망일 것입니다. 인류 역사상 가장 큰 비극은 낙원을 잃어버리는 실낙원의 사건일 것입니다. 낙원은 인류가 염원하는 세상이요, 낙원을 찾고자 하는 인류의 발걸음을 멈추지 않을 것입니다.

지금 우리는 우주 시대에 살고 있습니다.

우주를 탐험하고자 하는 인간의 노력 역시, 낙원을 찾아 헤매는 인류의 몸부림이라 생각합니다.

아폴로 11호, 유인 우주선 최초의 달 착륙선

1969년 7월 20일 아폴로 11호가 닐 암스트롱 선장과 조종사 올드린과 콜린스를 태우고 달에 착륙하여 인류 최초로 달에 첫 발걸음을 내딛는 역사적인 순간을 가지게 되었습니다.

달 착륙선의 사다리를 타고 달 표면에 첫발을 내디딘 선장 암스트롱은 "한 인간에게 있어서 이것은 작은 한 걸음이지만, 인류에게 있어서는 큰 비약이다."라고 말하였다 합니다.

저는 이 일에 대하여 이렇게 말하고 싶습니다.

"이것이야 말로 잃어버린 낙원을 찾아 헤매는 인류의 발걸음 중의 하나였다."고

낙원을 찾아 헤매는 인류의 발걸음은 인류가 존재하는 한, 멈춤이 없이 계속될 것입니다.

낙원이란 어떤 곳일까?

낙원이란 창세기에 나타나는 에덴 동산을 말하며, 이는 하나님 께서 당신의 영을 불어 넣어 창조하신 아담을 위하여 특별하게 조성하신 동산을 말합니다. 에덴 동산이라 불리우는 낙원에서 아담은 하와와 함께 하나님께 범죄하기 전까지 살았으며, 범죄한 이후에는 낙원에서 쫓겨나서 살게 되었습니다.

여호와 하나님이 이르시되 보라

이 사람이 선악을 아는 일에 우리 중 하나 같이 되었으니

그가 그의 손을 들어 생명 나무 열매도 따먹고 영생할까

하노라

하시고 여호와 하나님이 에덴 동산에서 그를 내보내어

그의 근원이 된 땅을 갈게 하시니라

이같이 하나님이 그 사람을 쫓아내시고 에덴 동산 동쪽에

그룹들과

두루 도는 불 칼을 두어 생명 나무의 길을 지키게

하시니라

(창세기 3:22-24)

아담과 하와를 에덴동산에서 쫓아 내신 후, 하나님은 그룹들과 두루도는 불 칼로 길목을 지켜, 에덴동산을 보존하였습니다.

오늘날까지 에덴 동산은 사람들에게 지상 최고의 낙원으로 인식되어 있으며, 모든 사람들의 가슴 속에 그리운 고향으로 새겨져 있는 것입니다.

그렇다면 인류가 그토록 찾자 헤매는 낙원은 어떤 곳일까요? 또한 낙원의 위치는 어디에 있는 것인가요? 이러한 물음들에 대하여, 정확한 대답을 한다는 것은 불가능에 가깝습니다. 다만 성경의 말씀을 찾아 미루어 가늠할 뿐입니다.

낙원, 인류가 그리워하며 찾아 헤매는 고향인 낙원은 어떤 곳일까? 이 물음에 대한 답을 하나님의 말씀인 성경에서 찾아 보고자 합니다.

> 여호와 하나님이 그 땅에서 보기에 아름답고 먹기에 좋은 나무가 나게 하시니 동산 가운데에는 생명 나무와 선악을 알게 하는 나무도 있더라
>
> (창세기 2:9)

> 나 여호와가 시온을 모든 황폐한 곳들을 위로하여 그 사막을 에덴 같게, 그 광야를 여호와의 동산 같게 하셨나니
> 그 가운데에 기뻐함과 즐거워함과 감사함과 창화하는 소리가 있으리라
>
> (이사야 51:3)

네가 옛적에 하나님의 동산 에덴에 있어서

각종 보석 곧 홍보석과 황보석과 금강석과 황옥과

홍마노와 낭옥과 청보석과 남보석과 홍옥과

황금으로 단장하였음이여

네가 지음을 받던 날에

너를 위하여 소고와 비파가 준비되었도다

(에스겔 28:13)

상기의 말씀 속에서 유추해 본 낙원은 다음과 같습니다.

첫째 : 인생 살기에 최적의 장소로서
       땀 흘리며 수고하는 고통 없이 삶을 누리는 곳

둘째 : 선악과 나무를 비롯하여 무수한 열매 맺는 나무들과
       식물들이 있으며
       각종 짐승과 날짐승이 있어 삶이 풍요로운 곳

셋째 : 기쁨과 즐거움이 넘치는 곳

넷째 : 감사함으로 노래 소리가 끊임이 없는 곳

다섯째 : 각종 보석으로 꾸며져 화려함이 극치는 이루는 곳

여섯 째 : 생명 나무가 있어서 영생이 보장되어 있는 곳

이외에도 인생들이 그토록 꿈꾸는 평화와 정의가 실현되는 곳이며, 마음의 평안이 넘치는 곳이리라. 뿐만이 아니라 심지어 모든 들짐승들과도 화평(이사야 11:1-9)을 누리는 온전한 평화의 장소입니다.

이새의 줄기에서 한 싹이 나며 그 뿌리에서 한 가지가
나서 결실할 것이요
그의 위에 여호와의 영 곧 지혜와 총명의 영이요 모략과
재능의 영이요 지식과 여호와를 경외하는 영이
강림하시리니
그가 여호와를 경외함으로 즐거움을 삼을 것이며 그의
눈에 보이는 대로 심판하지 아니하며 그의 귀에 들리는
대로 판단하지 아니하며
공의로 가난한 자를 심판하며 정직으로 세상의 겸손한
자를 판단할 것이며 그의 입의 막대기로 세상을 치며
그의 입술의 기운으로 악인을 죽일 것이며
공의로 그 허리띠를 삼으며 성실로 그의 몸의 띠를
삼으리라
그 때에 이리가 어린 양과 함께 살며 표범이 어린 염소와

함께 누우며 송아지와 어린 사자와 살진 짐승이 함께
있어 어린 아기에게 끌리며

암소와 곰이 함께 먹으며 그것들의 새끼가 함께 엎드리며
사자가 소처럼 풀을 먹을 것이며

젖 먹는 아기가 독사의 구멍에서 장난하며 젖 뗀
어린아기가 독사의 굴에 손을 넣을 것이라

내 거룩한 산 모든 곳에서 해 됨도 없고 상함도 없을
것이니 이는 물이 바다를 덮음 같이 여호와를 아는 지식이
세상에 충만할 것임이니라

(이사야 11:1-9)

그렇다면 이러한 낙원은 어디에 있는 것일까요?

낙원의 위치는 어디인가에 대한 물음은 오늘날에도 계속되고 있다. 그러나 정확한 위치를 아는 사람은 아무도 없습니다. 단지 막연히 추측할 뿐입니다. 하나님께서 막아놓고 감추어 놓으신 것을 알 사람은 없기 때문입니다.

어떤 이들은 낙원은 하나님에 의하여 오랜 세월 폐쇄되고 방치된 동산이라고 여기는 사람들이 있습니다. 그러나 저자는 그렇지 않다고 생각합니다.

하나님께서는 에덴 동산을 지상의 최대의 낙원으로 꾸미셨고, 아담과 하와의 범죄 후, 그들을 낙원에서 쫓아 내신 후에도 낙원은 하나님에 의하여 철저하게 보존되고, 여전히 사용(겔 28:13-14)되고 있는 장소였습니다.

네가 옛적에 하나님의 동산 에덴에 있어서
각종 보석 곧 홍보석과 황보석과 금강석과 황옥과 홍마노와
낭옥과 청보석과 남보석과 홍옥과 황금으로 단장하였음이여
네가 지음을 받던 날에 너를 위하여 소고와 비파가
준비되었도다
너는 기름 부음을 받고 지키는 그룹임이여 내가 너를 세우매
네가 하나님의 성산에 있어서 불타는 돌들 사이에
왕래하였도다

(에스겔 28:13-14)

낙원의 위치에 대하여는 몇 가지 설이 있습니다.

하나 : 에덴은 전 극동에 걸쳐 있었다고 보는 설
하나 : 에덴은 페르시아만 가까운 엘리두 부두에 있었다는 설
하나 : 에덴은 고대 바벨론 유역에 있었다는 설 (그랜드 종합주석 1권 P353 발췌)

이상과 같은 설외에도 낙원의 위치에 대하여서는 여러 가지 의견들이 있습니다.

이 밖에도 지하 어딘가에 존재한다는 설이 있는가 하면, 혹자는 지상 어딘가에 존재한다고 말하며, 어떤 이는 공중 어딘가(살전 4:17)에 존재할 것이라고 보는 사람들도 있습니다.

그 어느 설도 정확하다고 말할 수는 없습니다. 다만 모든 인류의 가슴 속에, 그리고 생각 속에 존재하는 낙원! 그리고 여전히 낙원을 사모하고, 낙원을 찾아다니며, 낙원에서 살기를 원하는 인류의 몸부림이 있는 한, 낙원은 분명히 존재한다는 것입니다.

낙원을 기대하십시오.
언젠가 당신 눈앞에 분명하게 나타날 것입니다.

제3장

사람들은 왜 낙원을 찾을까

낙원을 찾는 인류의 열망은 식을 줄을 모릅니다. 모든 인류가 낙원을 그토록 간절하게 찾아 헤매는 이유는 무엇일까요? 심지어는 죽어서라도 낙원에 있기를 바라는 것은 또 무엇 때문일까요?

사람들이 낙원을 찾는 첫째 이유;
무엇보다도 <u>낙원에 대한 존재를 확신</u>하기 때문입니다.

역사 이래로 온 인류가 한결같이 낙원에 대한 소망을 가지고 있으며. 변함없이 낙원을 찾으며, 수 없는 세월이 흘렀어도 낙원을 찾고자 하는 열망을 버리지 않는 이유는 낙원의 실체에 대하여 의심하지 아니하며, 그 존재에 대하여 확신하기 때문이라고 생각합니다.

낙원에 대한 이야기를 할 때마다 우리들의 마음이 따뜻해지고, 무언가 모를 기쁨으로 가슴이 벅차오름을 누가 부인할 수 있을까요? 그래서 사람들은 가장 절망적인 순간에 낙원을 이야기하는 모양입니다. 낙원에 대한 삶을 꿈꾸며, 현실의 고통을 이겨내기도 합니다. 찬란한 낙원에서의 미래의 삶을 꿈꾸며 말입니다. 이는 그들 마음의 중심에 어딘가에 존재할 낙원에 대한 확신과 그 곳에 살고자 하는 뜨거운 소망, 그리고 언젠가는 그 낙원에 들어가 살리라는 희망이 있기에 가능한 것입니다.

사람들이 낙원을 찾는 두 번째 이유;
낙원이야말로 모든 인류의 <u>참된 고향</u>이기 때문입니다.

실향민들의 마음에 뜨거운 소망은 있다면, 그것은 바로 이것입니다.

"내 눈에 흙 들어가기 전, 고향 땅을 한번 만이라도 밟아 보았으면……"

명절이 되면 경기도 파주시 탄현면에 자리하여 있는 오두산 통일 전망대에는 북에 고향을 둔 실향민들로 북적입니다. 삼삼 오오 모여 고향에 대한 이야기 꽃을 피우면서 두고 온 고향 산천을 그리워하며, 보고 싶은 부모, 형제, 일가친척들을 생각하며 눈시울을 적십니다.

지금까지 수천 년에 걸쳐 인류가 낙원을 찾는 이유는 어딘가에 있는 고향에 대한 그리움 때문입니다. 인류는 물론, 심지어 모든 동물들마저도 고향에 대한 향수가 있습니다.

연어는 태어난 곳을 향하여 수천 마일을 헤엄쳐 갑니다. 앞에 수없이 많은 장애물을 헤치며, 죽음을 무릅쓰고 자신이 태어난 곳을 향하여 나아갑니다. 자신이 태어난 고향을 잊지 않고 온갖 험난한 역경을 뚫고 고향으로 돌아가 알을 낳고 바로 죽는 연어의 회귀본능은 우리에게 시사 하는 바가 크다 할 수 있습니다.

사람들이 낙원을 찾는 세 번째 이유;
낙원은 진정한 평화가 존재하는 곳이기에 그렇습니다.

사람들이 원하는 마음속 깊은 소원은 영원하고, 흔들림이 없는 평화를 갈구하는 것입니다. 이러한 평화를 세상 어디에서 찾을 수 있을까요? 세상 어디에도 찾을 수 없기에 잃어버린 평화를 구하려 낙원을 찾는 것입니다.

　세상의 군왕들이 평화를 외치며, 평화를 이루겠다고 호언장담하지만, 세상에 평화를 완성 시킨 왕은 없습니다. 도리어 수없이 많은 전쟁만이 있었을 뿐이며, 세상에 고통만 더욱 가중 시켰을 뿐입니다. 그러나 낙원의 주인은 평강의 왕이기에 그 곳 만이 참 평화가 존재할 수 있는 것입니다.

　낙원! 평강의 왕이 다스리는 곳, 참 평화가 있는 곳,

　이는 한 아기가 우리에게 났고 한 아들을 우리에게 주신
　바 되었는데
　그의 어깨에는 정사를 메었고 그의 이름은 기묘자라,
　모사라, 전능하신 하나님이라, 영존하시는 아버지라,
　평강의 왕이라 할 것임이라
　그 정사와 평강의 더함이 무궁하며 또 다윗의 왕좌와
　그의 나라를 굳게 세우고 지금 이후로 영원히 정의와
　공의로 그것을 보존하실 것이라 만군의 여호와의 열심이
　이를 이루시리라.

(이사야 9:6-7)

낙원은 심지어 모든 짐승들까지도 진정 평화를 누리는 곳입니다.

> 그 때에 이리가 어린 양과 함께 살며 표범이 어린 염소와
> 함께 누우며 송아지와 어린 사자와 살진 짐승이 함께 있어
> 어린 아기에게 끌리며 암소와 곰이 함께 먹으며
> 그것들의 새끼가 함께 엎드리며 사자가 소처럼 풀을
> 먹을 것이며
> 젖 먹는 아기가 독사의 구멍에서 장난하며 젖 뗀
> 어린아기가 독사의 굴에 손을 넣을 것이라
>
> (이사야 11:6-8)

사람들이 낙원을 찾는 네 번째 이유;
낙원에는 <u>부족함이 없는 삶</u>이 그 곳에 있기에 그렇습니다.

실낙원의 사건이 있기 이전, 에덴 동산에서의 아담과 하와의 삶은 무엇 하나 부족함이 없는 풍성한 삶이었습니다. 그들의 풍요로움은 땀 흘리며, 수고하는 고통 중에 얻어진 풍요함이 아니었습니다. 낙을 누리며, 기쁨과 평안함 가운데 얻어진 풍요로움이었습니다.

하나님께 범죄하여 낙원에서 쫓겨난 아담과 하와에게 주어진 형벌 중에 하나가 땀 흘리며, 수고하여야 겨우 살아 갈 먹거리를 구할 수 있었습니다. 뿐만이 아니라 '네가 흙으로 지음을 받았으니 흙으로 돌아갈 것이니라.' 하여 죽음이 온 것입니다.

> 아담에게 이르시되 네가 네 아내의 말을 듣고 내가 네게 먹지 말라한
> 나무의 열매를 먹었은즉 땅은 너로 말미암아 저주를 받고 너는 네 평생에 수고하여야 그 소산을 먹으리라
> 땅이 네게 가시덤불과 엉겅퀴를 낼 것이라 네가 먹을 것은 밭의 채소인즉
> 네가 흙으로 돌아갈 때까지 얼굴에 땀을 흘려야 먹을 것을 먹으리니 네가 그것에서 취함을 입었음이라 너는 흙이니 흙으로 돌아갈 것이니라 하시니라
>
> (창세기 3:17-19)

삶의 풍성함을 갈구하는 것은 동서고금을 막론하고 모든 인류에서 나타나는 공통적인 현상입니다. 이로 인하여 싸움과 다툼이 일어나고, 사람과 사람 간, 민족과 민족 간, 국가와 국가 간에 전쟁이 끝도 없이 이어져 오고 있는 것이 사실입니다.

사람들의 재물에 대한 욕망은 그 무엇과도 비길 수 없을 만큼 큰 것입니다.

집 하인이 두 주인을 섬길 수 없나니 혹 이를 미워하고
저를 사랑하거나 혹 이를 중히 여기고 저를 경히 여길
것임이니라
너희는 하나님과 재물을 겸하여 섬길 수 없느니라

(누가복음 16:13)

재물에 대한 인간의 욕망은 참으로 대단하여 재물을 하나님과 견줄 만큼 사랑하며, 재물을 우상화하여 섬긴다는 이야기입니다.

사도 바울은 있는 것을 족할 줄 아는 마음을 믿음의 덕목으로 삼았으며, 나에게 주어진 것으로 만족하는 삶을 살라고 강력하게 권고하고 있습니다.

내가 궁핍하므로 말하는 것이 아니니라 어떠한
형편에든지
나는 자족하기를 배웠노니
나는 비천에 처할 줄도 알고 풍부에 처할 줄도 알아

모든 일

곧 배부름과 배고픔과 풍부와 궁핍에도 처할 줄 아는

일체의 비결을 배웠노라

(빌립보서 4:11-12)

낙원의 풍요로움은 모든 인생들에게 부족함이 없는 삶으로 인도할 것입니다.

시편기자 다윗은 믿는 자로서 예수 안에 있는 풍요로움을 이와 같이 노래하였습니다.

여호와는 나의 목자시니 내게 부족함이 없으리로다

그가 나를 푸른 풀밭에 누이시며 쉴 만한 물가로

인도하시는도다

내 영혼을 소생시키시고 자기 이름을 위하여 의의 길로

인도하시는도다

내가 사망의 음침한 골짜기로 다닐지라도 해를

두려워하지 않을 것은 주께서 나와 함께 하심이라 주의

지팡이와 막대기가 나를 안위하시나이다

주께서 내 원수의 목전에서 내게 상을 차려 주시고 기름을

내 머리에 부으셨으니 내 잔이 넘치나이다

내 평생에 선하심과 인자하심이 반드시 나를 따르리니

내가 여호와의 집에 영원히 살리로다

(시;편 23:1-6)

사람들이 낙원을 찾는 다섯 번째 이유;
참된 <u>삶의 즐거움과 참 기쁨</u>이 그 곳에 있기에 그렇습니다.

나 여호와가 시온을 모든 황폐한 곳들을 위로하여

그 사막을 에덴 같게, 그 광야를 여호와의 동산 같게

하셨나니

그 가운데에 기뻐함과 즐거워함과 감사함과 창화하는

소리가 있으리라

(이사야 51:3)

위의 말씀에서 볼 수 있듯이 에덴 동산인 낙원에서의 삶이란 '기뻐함과 즐거워함과 감사함과 창화하는 소리가 넘치는 삶'이란 사실을 말하고 있는 것입니다.

사람들이 낙원을 찾는 여섯 번째 이유;
낙원에는 진정한 정의와 공의가 온전히 실현되는 곳이기에
그렇습니다.

정의와 공의를 부르짖는 소리가 세상에 충만하고, 세상의 내노라 하는 권세를 누리던 사람들의 수없는 약속에도 불구하고, 정의와 공의를 이룬 왕도, 위인도 존재하지 않습니다. 다만 세상에는 불법과 부정과 부패, 착취만이 난무하였습니다.

낙원에는 평강의 왕이 다스리며, 영원한 정의와 공의로서 평강을 보존하는 곳이라 하였습니다.

이는 한 아기가 우리에게 났고 한 아들을 우리에게 주신
바 되었는데
그의 어깨에는 정사를 메었고 그의 이름은 기묘자라,
모사라, 전능하신 하나님이라, 영존하시는 아버지라,

평강의 왕이라 할 것임이라

그 정사와 평강의 더함이 무궁하며 또 다윗의 왕좌와

그의 나라를 굳게 세우고 지금 이후로 영원히 정의와

공의로 그것을 보존하실 것이라 만군의 여호와의 열심이

이를 이루시리라.

(이사야 9:6-7)

만군의 여호와 하나님이 보내신 '한 아기' 하나님의 언약으로 이 땅에 육신을 입고 오신 '한 아기'인 예수는 평강의 왕으로 오셨으며, 그의 나라로 믿는 자를 인도하시고자 오셨습니다. 그의 나라를 구하는 자에게 그는 이렇게 말씀하실 것입니다. (눅 23:42-43)

"오늘 네가 나와 함께 낙원에 들어갈 것이니라."

사람들이 낙원을 찾는 일곱 번째 이유;
그곳에는 생명나무가 있어, 영생의 길이 있기에 낙원을 그토록 애타게 찾아 헤매는 것입니다.

인류의 최대의 꿈의 무엇이냐고 묻는 다면 감히 말할 수 있습니다.

생로병사에서 해방되어 영생하는 것이라고 말할 것입니다.

이외에도 낙원을 찾는 더 많은 이유들이 있을 것입니다. 어찌 되었든 낙원을 찾는 길이 인류 최대의 희망임은 분명합니다.

이러한 인류 최대의 소망이 속히 이루어지기를 간절히 바라는 것입니다.

제4장

택한 백성을 위해 준비하신 낙원

하나님은 낙원을 왜 보존하셨을까요?

낙원은 하나님의 계획 속에서 버려지거나 쓸모없어 잊혀진 땅이 결코 아닙니다. 아담과 하와가 하나님께 범죄하여 낙원에서 쫓겨 난 후에도 낙원은 여전히 하나님께 쓰임 받는 땅이었습니다.

> <u>네가 옛적에 하나님의 동산 에덴에 있어서</u> 각종 보석 곧 홍보석과 황보석과 금강석과 황옥과 홍마노와 낭옥과 청보석과 남보석과 홍옥과 황금으로 단장하였음이여

네가 지음을 받던 날에 너를 위하여 소고와 비파가

준비되었도다

(에스겔 28:13)

이 사건은 하나님의 동산 에덴, 즉 낙원에서 이루어진 일을 기록하고 있는 것입니다.

다시 말하면, 낙원은 하나님의 동산으로서 하나님의 일에 쓰임을 받고 있었다는 사실을 증거하고 있는 것입니다. 뿐만이 아니라 귀하고 소중하게 보존하고, 어떤 인생도 함부로 범접하지 못하도록 지키신 것입니다.

여호와 하나님이 이르시되 보라 이 사람이 선악을 아는 일에

우리 중 하나 같이 되었으니 그가 그의 손을 들어

생명 나무 열매도 따먹고 영생할까 하노라 하시고

여호와 하나님이 에덴 동산에서 그를 내보내어 그의

근원이 된 땅을 갈게 하시니라

이같이 하나님이 그 사람을 쫓아내시고 에덴 동산 동쪽에

그룹들과 두루 도는 불 칼을 두어 생명 나무의 길을

지키게 하시니라

(창세기 3:22-24)

낙원에로의 길, 생명 나무의 길을 그룹들과 두루 도는 불 칼을 두어 지키게 하시어, 낙원을 소중히 보존하신 것입니다.

소중하게 보존하신 이유는 무엇일까요?

그것은 바로 영적으로 택함을 입고, 구원받은 하나님의 백성들을 위하여 예비하여 놓으신 준비된 땅이기 때문입니다.

우리가 이 시점에서 반드시 생각하여야 할 것이 있습니다. 택하심을 입어 선민이라 불리우는 이스라엘 백성들, 풀무불 같은 애굽의 지독한 노예 생활에서 하나님의 종, 모세를 통하여 구원을 받은 이스라엘 백성들, 그들을 하나님은 애굽에서 구원하여 어디로 인도하시기를 기뻐하셨을까요?

하나님께서 택하심을 입은 이스라엘 백성을 위하여 준비하신 최고의 장소는 '낙원'이었습니다. 하나님께 범죄하여 잃어버린 땅 즉 낙원을 되돌리고자 원하신 것입니다.

보세요!
하나님께서 예비하신 이스라엘 백성을 위한 연단, 애굽에서의 400년의 연단 과정을 훌륭하게 믿음으로 수료한 이스라엘 백성들에게 주어지는 상은 '낙원'이라는 아름다운 땅으로 인도함을 받는 것이었습니다.

그러나 사백년의 연단 과정을 거친 후, 이스라엘 백성들은 하나님이 기대와는 다르게, 안타깝게도 믿음보다는 불신을, 감사보다는 원망을, 순종보다는 불순종의 길을 걸었습니다.

심지어는 하나님의 능력의 손에 의하여 애굽의 바로와 그의 군대의 손아귀에서 구원함을 받았음에도, 얼마 지나지 않아 금송아지를 만들어 놓고, 그 앞에 예물을 바치며, 절하고, 뛰놀며, '이것이 우리를 애굽에서 구원한 신'이라 칭송하여 하나님을 노엽게 하였습니다.

이스라엘 백성들의 패역함이 극에 달한지라 하나님께서는 그들을 버리시려 생각하시고 이를 모세에게 알립니다.

여호와께서 모세에게 이르시되 너는 내려가라
네가 애굽 땅에서 인도하여 낸 네 백성이 부패하였도다
그들이 내가 그들에게 명령한 길을 속히 떠나 자기를 위하여
송아지를 부어 만들고 그것을 예배하며 그것에게 제물을
드리며 말하기를 이스라엘아 이는 너희를 애굽 땅에서
인도하여 낸 너희 신이라 하였도다
여호와께서 또 모세에게 이르시되
내가 이 백성을 보니 목이 뻣뻣한 백성이로다
그런즉 내가 하는 대로 두라 내가 그들에게 진노하여

그들을 진멸하고 너를 큰 나라가 되게 하리라

모세가 그의 하나님 여호와께 구하여 이르되

여호와여 어찌하여 그 큰 권능과 강한 손으로 애굽 땅에서

인도하여 내신 주의 백성에게 진노하시나이까

어찌하여 애굽 사람들이 이르기를 여호와가 자기의 백성을

산에서 죽이고 지면에서 진멸하려는 악한 의도로 인도해

내었다고 말하게 하시려 하나이까 주의 맹렬한 노를

그치시고

뜻을 돌이키사 주의 백성에게 이 화를 내리지 마옵소서

주의 종 아브라함과 이삭과 이스라엘을 기억하소서

주께서 그들을 위하여 주를 가리켜 맹세하여 이르시기를

내가 너희의 자손을 하늘의 별처럼 많게 하고 내가 허락한

이 온 땅을 너희의 자손에게 주어 영원한 기업이 되게

하리라 하셨나이다

여호와께서 뜻을 돌이키사 말씀하신 화를

그 백성에게 내리지 아니하시니라

(출 32:7-14)

    이스라엘 백성을 광야에서 멸하시겠다는 하나님의 뜻을 전하여
들은 모세는 하나님 앞에 엎드려 간곡히 간구합니다.

여호와여 어찌하여 그 큰 권능과 강한 손으로 애굽 땅에서
인도하여 내신 주의 백성에게 진노하시나이까
어찌하여 애굽 사람들이 이르기를 여호와가 자기의
백성을 산에서 죽이고 지면에서 진멸하려는 악한 의도로
인도해 내었다고 말하게 하시려 하나이까 주의 맹렬한
노를 그치시고 뜻을 돌이키사 주의 백성에게 이 화를
내리지 마옵소서
여호와여 주의 종 아브라함과 이삭과 이스라엘을
기억하소서
주께서 그들을 위하여 주를 가리켜 맹세하여 이르시기를
내가 너희의 자손을 하늘의 별처럼 많게 하고 내가 허락한
이 온 땅을 너희의 자손에게 주어 영원한 기업이 되게
하리라 하셨나이다

여호와 하나님은 모세의 간구함을 들으시고, 뜻을 돌이키시어,
죽어 마땅한 백성에게 삶을 허락하셨습니다. 그러나 목이 곧은
백성, 심히 패역한 백성이기에 낙원에서 사는 것을 허락하지
아니하시고, 뜻을 돌이키시어 가나안 땅으로 인도하신 것입니다.

그러기에 가나안 땅은 최종 목적지가 아닙니다.

낙원이야말로 선민 이스라엘 백성, 택하심을 입은 이스라엘 백성들을 위한 최종 목적지였던 것입니다.

긍휼과 자비를 더하신 하나님

보세요!
하나님은 택하심을 입은 이스라엘 백성들에게 긍휼과 자비를 더하시었습니다. 이토록 목이 곧고, 극히 패역한 백성들임에도 불구하고, 하나님은 그들을 광야 길로 인도하시며, 여러 가지로 믿음을 시험하시었습니다. 이것은 택하심을 입은 백성들에 대한 기대와 소망의 끈을 놓지 않으신 것입니다.

만일 주께서 그날들을 감하지 아니하셨더라면
모든 육체가 구원을 얻지 못할 것이거늘
자기가 택하신 자들을 위하여
그 날들을 감하셨느니라

(마가복음 13:20)

상기의 말씀에서와 같이, 하나님께서 택하신 백성에 대하여 긍휼과 자비로우심을 더하신 것이요 택하신 백성들의 구원을 위하여 환란의 날들을 감하신 것과 같은 것입니다.

죽어 마땅한 자들의 생명을 연장시키시고, 여러 가지 시험의
기회를 더하시는 것은, 어찌하던지 낙원에로의 길로 인도하시
고자 다시금 기회를 주시는 하나님의 은총이었습니다.

그 때에 여호와께서 모세에게 이르시되
보라 내가 너희를 위하여 하늘에서 양식을 비 같이
내리리니 백성이 나가서 일용할 것을 날마다 거둘 것이라
이같이 하여 그들이 내 율법을 준행하나 아니하나 내가
시험하리라

(출애굽기 16:4)

네 하나님 여호와께서 이 사십 년 동안에 네게 광야
길을 얻게 하신 것을 기억하라 이는 너를 낮추시며 너를
시험하사 네 마음이 어떠한지 그 명령을 지키는지 지키지
않는지 알려 하심이라

(신명기 8:2)

너는 그 선지자나 꿈 꾸는 자의 말을 청종하지 말라
이는 너희의 하나님 여호와께서 너희가 마음을 다하고
뜻을 다하여 너희의 하나님 여호와를 사랑하는 여부를
알려 하사 너희를 시험하심이니라

(신명기 13:3)

이상과 같이 하나님은 이스라엘에 대한 희망의 끈을 놓지 않으시고, 줄기차게 그들의 믿음을 시험하였으나, 결국 이스라엘 백성들에게서는 믿음을 만나 보기가 힘들었으며, 순종이나 헌신은 더더욱 찾아보기 힘들었습니다.

시험의 결과, 하나님의 눈에 비친 이스라엘 백성들의 신앙의 모습은 사도 바울이 말한 이방인의 신앙의 모습과 다를 바가 없었습니다.

그 때에 너희는 그리스도 밖에 있었고 이스라엘 나라
밖의 사람이라 약속의 언약들에 대하여는 외인이요
세상에서 소망이 없고 하나님도 없는 자이더니.....

(에베소서 2:12)

그렇습니다.

이스라엘 백성들의 믿음의 상태는 실망 그 자체였습니다. 그들은 하나님의 진노 아래 있으며, 광야에서 죽어 마땅한 자들이었습니다. 그럼에도 불구하고 하나님은 그들을 버리지 아니하시고, 낙원이 아닌, 가나안으로 인도하시어 끝까지 이스라엘을 포기하지 아니하시고 소망을 품게 하시었습니다.

그렇다면 왜 굳이 가나안으로 인도하시었을까?

가나안에 어떤 소망이 있을까요? 젖과 꿀이 흐르는 땅이라고 꼬드기면서까지 이스라엘 백성들을 가나안으로 이끄시는 이유는 무엇이었을까요?

그것은 이렇습니다.

낙원 회복에 대한 마지막 희망이 가나안에 있기 때문입니다.

가나안에 무슨 희망인가요?

가나안 땅에는 그들을 낙원으로 이끌 구원자, 즉 메시야의 탄생이 예언되어져 있는 땅이기에 그렇습니다. 이 사실은 그 무엇보다도 중요합니다. 소망이 없는 이스라엘을 구원하실 구원자를 보내실 곳이 바로 가나안 땅이기에 이스라엘 백성들을 그 곳으로 인도하신 것입니다. 그리고 가나안 땅을 결코 떠나지 말아야 할 것을 지시하신 것입니다.

여호수아의 인도하에 가나안을 향한 이스라엘 백성들은 피흘리는 전쟁을 치루면서까지 가나안 땅을 정복하고 지켜내야 했습니다. 그것은 가나안 땅에 마지막 소망이 있기 때문입니다.

메시야 탄생의 예고 : 여자의 후손

낙원에서 아담과 하와를 꾀어 선악과를 따 먹게 하고, 결국 낙원에서 쫓겨나게 만든 사단을 멸하실 여자의 후손(구원자, 메시야)이 나타날 것을 예고하셨습니다.

여호와 하나님이 아담을 부르시며 그에게 이르시되 네가 어디 있느냐 이르되 내가 동산에서 하나님의 소리를 듣고 내가 벗었으므로 두려워하여 숨었나이다 이르시되 누가 너의 벗었음을 네게 알렸느냐 내가 네게 먹지 말라 명한 그 나무 열매를 네가 먹었느냐 아담이 이르되 하나님이 주셔서 나와 함께 있게 하신 여자 그가 그 나무 열매를 내게 주므로 내가 먹었나이다
여호와 하나님이 여자에게 이르시되 네가 어찌하여 이렇게 하였느냐
여자가 이르되 뱀이 나를 꾀므로 내가 먹었나이다

여호와 하나님이 뱀에게 이르시되 네가 이렇게 하였으니
네가 모든 가축과 들의 모든 짐승보다 더욱 저주를 받아
배로 다니고 살아 있는 동안 흙을 먹을지니라
내가 너로 여자와 원수가 되게 하고 네 후손도 여자의
후손과 원수가 되게 하리니 여자의 후손은 네 머리를
상하게 할 것이요 너는 그의 발꿈치를 상하게 할 것이니라
하시고
또 여자에게 이르시되 내가 네게 임신하는 고통을 크게
더하리니 네가 수고하고 자식을 낳을 것이며 너는 남편을
원하고 남편은 너를 다스릴 것이니라 하시고
아담에게 이르시되 네가 네 아내의 말을 듣고 내가 네게
먹지 말라 한
나무의 열매를 먹었은즉 땅은 너로 말미암아 저주를
받고 너는 네 평생에 수고하여야 그 소산을 먹으리라

(창세기 3:9-17)

상기의 말씀에서 옛 뱀이라고도 하는 사단에게 하신 말씀,
"내가 너로 여자와 원수가 되게 하고 네 후손도 여자의 후손과
원수가 되게 하리니 여자의 후손은 네 머리를 상하게 할 것이요
너는 그의 발꿈치를 상하게 할 것이니라."하신 말씀 중에서

사단의 머리를 상하게 하는 여자의 후손은 장차 동정녀의 몸에서 탄생하실 인류의 구속자 '예수 그리스도'를 가리키는 것입니다.

예수 그리스도는 여자의 후손으로서 뱀의 머리를 상하게 하여, 최후 승리자로서 낙원을 회복하실 분이시다. 그리하여 종국에는 예수 그리스도는 구원 얻은 백성들을 낙원으로 인도하실 분이십니다.

그런데 이러한 메시야 탄생의 예고지가 바로 가나안 땅입니다.

전에 고통 받던 자들에게는 흑암이 없으리로다
옛적에는 여호와께서 스불론 땅과 납달리 땅이 멸시를
당하게 하셨더니 후에는 해변 길과 요단 저쪽 이방의
갈릴리를 영화롭게 하셨느니라
흑암에 행하던 백성이 큰 빛을 보고 사망의 그늘진 땅에
거주하던 자에게 빛이 비치도다
주께서 이 나라를 창성하게 하시며 그 즐거움을 더하게
하셨으므로 추수하는 즐거움과 탈취물을 나눌 때의
즐거움 같이 그들이 주 앞에서 즐거워하오니
이는 그들이 무겁게 멘 멍에와 그들의 어깨의 채찍과

그 압제자의 막대기를 꺾으시되 미디안의 날과 같이
하셨음이니이다
어지러이 싸우는 군인들의 신과 피 묻은 겉옷이 불에
섶 같이 살라지리니
이는 한 아기가 우리에게 났고 한 아들을 우리에게 주신
바 되었는데 그의 어깨에는 정사를 메었고 그의 이름은
기묘자라, 모사라, 전능하신 하나님이라, 영존하시는
아버지라, 평강의 왕이라 할 것임이라
그 정사와 평강의 더함이 무궁하며 또 다윗의 왕좌와
그의 나라를 굳게 세우고 지금 이후로 영원히 정의와
공의로 그것을 보존하실 것이라 만군의 여호와의 열심이
이를 이루시리라

(이사야 9:1-7)

이사야 선지자를 통하여 주신 상기의 말씀은 참 빛으로 이
땅에 오실 메시야 탄생에 대한 예언입니다. 메시야 탄생의 예
고지가 바로 가나안 땅입니다.

우리에게 났고, 우리에게 주신 바 된 한 아기는 독생하시는
하나님의 아들로서, 본래 하나님의 본체이셨으나 성령으로 잉태
하시어, 육신을 입고, 이 땅에 임하신 하나님이십니다.

그 분이 이 땅에 임하시어 행하신 구원의 끝자락에 우리에게 들려주신 말씀에 귀를 기울이어야 할 것입니다.

십자가의 대속의 피흘림과 죽음을 통하여, 구원을 이루신 예수님은 "내가 다 이루었다." 외치신 후에, 당신의 나라에 임하실 때에 나를 기억하여 달라고 간구하는 강도를 향하여 이르시기를 "오늘 나와 함께 낙원에 있으리라."하신 것입니다.

우리 모두는 골고다 언덕의 십자가 위에서 대속의 죽음을 앞에 두고 한 강도에게 하신 예수 그리스도의 말씀을 들어야만 합니다. 그리고 마음에 새겨야 하며, '나에게도 그 음성 들여 주시옵소서' 하고 간구하여야 할 것입니다.

예수께서 이르시되 내가 진실로 네게 이르노니
오늘 네가 나와 함께 낙원에 있으리라 하시니라.

(누가복음 23:43)

당신의 귀에도 이 복된 음성을 들려지기를 바랍니다. 만일 이 음성을 듣지 못한다면 우리는 소망이 없습니다.

오! 내게도 들려 주소서.

"네가 정녕 나와 함께 낙원에 들어갈 것이니라."

메시야 탄생이 예고된 장소가 바로 가나안 땅이기에 하나님께서는 믿음의 조상 아브라함과 그의 후손에게 가나안 땅을 기업으로 주시었으며, 굳이 이스라엘 백성을 가나안으로 인도하신 것입니다.

우리는 눈을 열고, 하나님의 치밀하고도, 주도면밀한 계획들을 보아야 하겠습니다.

창세기의 에덴 동산이라 불리우는 낙원에서 시작하여, 최후의 승리자로서의 메시야 되시는 예수님께서 "오늘 네가 나와 함께 낙원에 있으리라." 선포하시는 순간까지 하나님께서는 하나님의 영으로 구원함을 받고, 택함을 입은 하나님의 백성들을 위하여 준비하신 낙원에 대한 계획을 포기하지 아니하신 것입니다.

제5장

풀무 불 속으로

하나님께서 이스라엘을 이끄시는 최종 목적지가 가나안이었다면 어찌하여 가나안에 이미 들어와 살고 있는 야곱과 그의 자손들, 이스라엘 백성들을 애굽으로 이끌어 내시었겠는가? 이는 가나안이 하나님께서 이스라엘 백성들을 이끄시고자 하는 최종 목적지가 아니라는 증거이기도 합니다.

가나안은 언약의 땅

가나안 땅은 하나님께서 특별히 아브라함, 이삭, 야곱에게 주리라 언약하신 땅입니다. 택함을 입고 부르심을 받은 아브라

함과 그의 후손들에게 가나안 땅에 대하여 다음과 같이 언약
하셨다.

아브라함에게 언약

아브람이 그의 아내 사래와 조카 롯과 하란에서 모은
모든 소유와 얻은 사람들을 이끌고 가나안 땅으로 가려고
떠나서 마침내 가나안 땅에 들어갔더라
아브람이 그 땅을 지나 세겜 땅 모레 상수리나무에 이르니
그 때에 가나안 사람이 그 땅에 거주하였더라
여호와께서 아브람에게 나타나
이르시되 내가 이 땅을 네 자손에게 주리라 하신지라
자기에게 나타나신 여호와께 그가 그 곳에서 제단을 쌓고
거기서 벧엘 동쪽 산으로 옮겨 장막을 치니
서쪽은 벧엘이요 동쪽은 아이라
그가 그 곳에서 여호와께 제단을 쌓고 여호와의 이름을
부르더니 점점 남방으로 옮겨갔더라

(창세기 12:5-9)

아브라함에게 다시 한번 확약

롯이 아브람을 떠난 후에 여호와께서 아브람에게
이르시되
너는 눈을 들어 너 있는 곳에서
북쪽과 남쪽 그리고 동쪽과 서쪽을 바라보라
보이는 땅을 내가 너와 네 자손에게 주리니 영원히
이르리라
내가 네 자손이 땅의 티끌 같게 하리니 사람이 땅의
티끌을 능히 셀 수 있을진대 네 자손도 세리라
너는 일어나 그 땅을 종과 횡으로 두루 다녀 보라 내가
그것을 네게 주리라
이에 아브람이 장막을 옮겨 헤브론에 있는 마므레 상수리
수풀에 이르러 거주하며 거기서 여호와를 위하여 제단을
쌓았더라

(창세기 13:14-18)

이삭에게 언약

아브라함 때에 첫 흉년이 들었더니 그 땅에 또 흉년이 들매
이삭이 그랄로 가서 블레셋 왕 아비멜렉에게 이르렀더니
여호와께서 이삭에게 나타나 이르시되 애굽으로
내려가지 말고
내가 네게 지시하는 땅에 거주하라
이 땅에 거류하면 내가 너와 함께 있어 네게 복을 주고
내가 이 모든 땅을 너와 네 자손에게 주리라
내가 네 아버지 아브라함에게 맹세한 것을 이루어
네 자손을 하늘의 별과 같이 번성하게 하며 이 모든
땅을 네 자손에게 주리니
네 자손으로 말미암아 천하 만민이 복을 받으리라

(창세기 26:1-4)

야곱에게 언약

야곱이 브엘세바에서 떠나 하란으로 향하여 가더니
한 곳에 이르러는 해가 진지라 거기서 유숙하려고

그 곳의 한 돌을 가져다가 베개로 삼고 거기 누워 자더니

꿈에 본즉 사닥다리가 땅 위에 서 있는데 그 꼭대기가

하늘에 닿았고

또 본즉 하나님의 사자들이 그 위에서 오르락내리락 하고

또 본즉 여호와께서 그 위에 서서 이르시되

나는 여호와니 너의 조부 아브라함의 하나님이요 이삭의

하나님이라

네가 누워 있는 땅을 내가 너와 네 자손에게 주리니

네 자손이 땅의 티끌 같이 되어 네가 서쪽과 동쪽과

북쪽과 남쪽으로 퍼져나갈지며 땅의 모든 족속이 너와

네 자손으로 말미암아 복을 받으리라

내가 너와 함께 있어 네가 어디로 가든지 너를 지키며

너를 이끌어 이 땅으로 돌아오게 할지라 내가 네게 허락한

것을 다 이루기까지 너를 떠나지 아니하리라 하신지라

(창세기 28:10-15)

이상에서 보는 바와 같이 하나님은 가나안 땅을 너와 네 자손에게 주리라는 약속을 아브라함과 이삭과 야곱에게 하셨을 뿐만이 아니라, 가나안을 떠나서는 안되며, 그 땅에 머물 것을 강하게 요구하시기도 하셨습니다.

애굽행을 기뻐하지 아니하심

하나님은 아브라함과 이삭과 야곱이 가나안을 떠나 애굽으로 가는 것을 결코 기뻐하지 아니하셨습니다.

아브라함의 애굽행

그 땅(가나안)에 기근이 들었으므로 아브람이 애굽에
거류하려고 그리로 내려갔으니 이는 그 땅에 기근이
심하였음이라
그(아브람)가 애굽에 가까이 이르렀을 때에 그의 아내
사래에게 말하되
내가 알기에 그대는 아리따운 여인이라
애굽 사람이 그대를 볼 때에 이르기를 이는 그의 아내라
하여 나는 죽이고 그대는 살리리니
원하건대 그대는 나의 누이라 하라 그러면 내가 그대로
말미암아 안전하고
내 목숨이 그대로 말미암아 보존되리라 하니라
아브람이 애굽에 이르렀을 때에 애굽 사람들이 그 여인이
심히 아리따움을 보았고
바로의 고관들도 그를 보고 바로 앞에서 칭찬하므로

그 여인을 바로의 궁으로 이끌어들인지라

이에 바로가 그로 말미암아 아브람을 후대하므로

아브람이 양과 소와 노비와 암수 나귀와 낙타를

얻었더라17 여호와께서 아브람의 아내 사래의 일로

바로와 그 집에 큰 재앙을 내리신지라

여호와께서 아브람의 아내 사래의 일로 바로와 그 집에

큰 재앙을 내리신지라

바로가 아브람을 불러서 이르되 네가 어찌하여 나에게

이렇게 행하였느냐 네가 어찌하여 그를 네 아내라고

내게 말하지 아니 하였느냐

네가 어찌 그를 누이라 하여 내가 그를 데려다가 아내를

삼게 하였느냐

네 아내가 여기 있으니 이제 데려가라 하고

바로가 사람들에게 그의 일을 명하매 그들이 그와 함께

그의 아내와 그의 모든 소유를 보내었더라

(창세기 12:10-20)

    아브라함이 거주하는 가나안 땅에 심한 기근이 오자 아브라
함은 가솔을 이끌고 가나안을 떠나 애굽으로 내려가게 됩니다.
애굽에서 아브라함은 애굽 왕 바로에게 자기의 아내도 빼앗기고,

자신의 목숨으로 빼앗길 뻔 하였으며, 자신이 가진 모든 소유물도 빼앗길 뻔 하였습니다. 이때에 하나님의 적극적인 도우심(창12:17)으로 위기를 모면하고, 돌이켜 가나안으로 돌아오게 됩니다. 이 일로 아브라함은 다시 한 번 깊이 깨닫게 됩니다. 가나안 땅을 떠나는 것을 하나님은 기뻐하지 아니하신다는 사실을.....

이삭의 애굽행

아브라함 때에 첫 흉년이 들었더니 그 땅에 또 흉년이 들매

이삭이 그랄로 가서 블레셋 왕 아비멜렉에게 이르렀더니

여호와께서 이삭에게 나타나 이르시되 애굽으로

내려가지 말고

내가 네게 지시하는 땅에 거주하라

이 땅에 거류하면 내가 너와 함께 있어 네게 복을 주고

내가 이 모든 땅을 너와 네 자손에게 주리라

내가 네 아버지 아브라함에게 맹세한 것을 이루어

네 자손을 하늘의 별과 같이 번성하게 하며

이 모든 땅을 네 자손에게 주리니 네 자손으로 말미암아

천하 만민이 복을 받으리라

(창세기 26:1-4)

이삭에게도 아브라함의 때와 똑 같은 일이 벌어집니다. 이삭이 거주하는 가나안 땅에 흉년이 들어, 가나안을 떠나 애굽으로 가고자 하였습니다. 이삭의 일행이 가나안 땅의 남쪽 경계 지역인 그랄 지방까지 왔을 때, 그 곳을 다스리던 불레셋 왕 아비멜렉에게 자칫 죽임을 당하고 아내 리브가도 빼앗길 뻔하였습니다.

이 때에도 하나님은 이삭에게 나타나시어 이르시기를 "애굽으로 내려가지 말고, 내가 네게 지시하는 땅에 거하라."하시며 네가 그 땅에 몸 붙여 살면 내가 너를 보살펴 주며 너에게 복을 주어 이 모든 땅을 너와 네 자손에게 줄 것이며, 네 자손이 하늘의 별과 같이 번성하게 하리라 하셨습니다.

이삭 역시 다시 깨닫게 됩니다. 하나님은 가나안 땅을 떠나 애굽으로 내려가는 것을 어떠한 경우에라도 기뻐하지 아니하신다는 사실을 ....

야곱을 향한 최대의 언약 : 가나안 땅에서의 축복

야곱이 브엘세바에서 떠나 하란으로 향하여 가더니
한 곳에 이르러는 해가 진지라 거기서 유숙하려고
그 곳의 한 돌을 가져다가 베개로 삼고 거기 누워 자더니
꿈에 본즉 사닥다리가 땅 위에 서 있는데 그 꼭대기가

하늘에 닿았고 또 본즉 하나님의 사자들이 그 위에서
오르락내리락 하고

또 본즉 여호와께서 그 위에 서서 이르시되 나는 여호와니
너의 조부 아브라함의 하나님이요 이삭의 하나님이라
네가 누워 있는 땅을 내가 너와 네 자손에게 주리니
네 자손이 땅의 티끌 같이 되어 네가 서쪽과 동쪽과
북쪽과 남쪽으로 퍼져나갈지며 땅의 모든 족속이 너와
네 자손으로 말미암아 복을 받으리라
내가 너와 함께 있어 네가 어디로 가든지 너를 지키며
너를 이끌어 이 땅으로 돌아오게 할지라 내가 네게 허락한
것을 다 이루기까지 너를 떠나지 아니하리라 하신지라

(창세기 28:10-15)

야곱이 아비집을 떠나 벧엘 광야에서 이르렀을 때, 저녁이
되어 돌을 가져다가 베개로 삼아 잠을 자는데, 그 밤에 꿈을
꾸게 됩니다. 꿈에 나타나신 여호와 하나님은 야곱을 향하여
말씀을 하셨습니다. 누워있는 땅을 소유로 줄 것이며, 어디를
가든지 함께 할 것과 반드시 이 땅으로 돌아오도록 할 것이라
하셨습니다. 이같이 야곱 역시 가나안 땅에서의 축복을 약속
받은 것입니다.

야곱(이스라엘)의 애굽행

아브라함과 이삭과 야곱에 이르기까지 택함을 입은 하나님의 백성들이 가나안 땅을 떠나 애굽으로 내려가는 것을 극히 싫어하시며, 적극적으로 막으셨던 하나님께서는 어찌하여 그들을 애굽으로 이끄시었을까요?

여기에는 부정할 수 없는 두가지의 분명한 이유가 있습니다.

첫째 : 예언의 성취로서의 애굽행

하나님께서 이스라엘 백성, 야곱과 그의 후손들을 애굽으로 이끄심은 예언하신 말씀에 대하여 실행하시는 의미가 담겨 있습니다.

하나님께서 믿음의 조상이라 불리우는 아브라함에게 예언하여 이르시기를 "네 자손이 이방의 객이 되어 그들을 섬기겠고, 그들은 사 백년 동안 네 자손을 괴롭히리라."하시며, 너는 이것을 확실히 알아야 할 것이라 하셨습니다.

여호와께서 아브람에게 이르시되 너는 반드시 알라
네 자손이 이방에서 객이 되어 그들을 섬기겠고
그들은 사백 년 동안 네 자손을 괴롭히리니

그들이 섬기는 나라를 내가 징벌할지며

그 후에 네 자손이 큰 재물을 이끌고 나오리라

(창세기 15:13-14)

또한 아브라함을 향하여 "이 일을 정녕히 알라." 하시어 이러한 사건이 반드시 이루어질 것을 말씀하셨습니다.

하나님은 사람이 아니시니 거짓말을 하지 않으시고

인생이 아니시니 후회가 없으시도다

어찌 그 말씀하신 바를 행하지 않으시며

하신 말씀을 실행하지 않으시랴

(민수기 23:19)

둘째 : 믿음의 연단을 위한 애굽행

하나님께서 야곱의 후손들인 이스라엘 백성을 애굽으로 이끄신 진정 중요한 이유는 이스라엘을 연단하시어 절대 신앙의 사람들로 세우고자 하시는 하나님의 원대한 계획이 담겨 있는 것입니다. 그리하여 사단의 권세에 결코 휘돌리지 않는 강인한 믿음의 백성, 하나님의 백성들로 만드시고자 하신 것입니다. 이는 그들로 하여금 낙원에 들어가 살기에 합당한 백성들로 인치시고자 하신 것입니다. 이 일을 위하여 이스라엘 백성들의 애굽행은 절대적 필요하였던 것입니다. 애굽은 이스라엘의 믿음의 연단을 위한 쇠풀무 불이였습니다.

여호와께서 너희를 택하시고 너희를 <u>쇠 풀무 불 곧</u>
<u>애굽에서</u> 인도하여 내사 자기 기업의 백성을 삼으신
것이 오늘과 같아도
여호와께서 너희로 말미암아 내게 진노하사
내게 요단을 건너지 못하며 네 하나님 여호와께서
네게 기업으로 주신 그 아름다운 땅에 들어가지 못하게
하리라고 맹세하셨은즉
나는 이 땅에서 죽고 요단을 건너지 못하려니와 너희는
건너가서 그 아름다운 땅을 얻으리니
너희는 스스로 삼가 너희의 하나님 여호와께서 너희와
세우신 언약을 잊지 말고 네 하나님 여호와께서 금하신
어떤 형상의 우상도 조각하지 말라
네 하나님 여호와는 소멸하는 불이시요 질투하시는
하나님이시니라

(신명기 4:20-24)

상기의 말씀은 가나안 땅을 목전에 둔 상태에서 하나님의 종 모세가 이스라엘 백성들을 모아 놓고 그들이 가나안 땅에 들어가면 반드시 지켜야 할 하나님의 규례들을 가르치면서 부탁한 말의 일부입니다.

말씀 속에서 모세는 애굽은 그들에게 믿음의 연단을 위한 쇠풀무불이였으며, 이는 하나님께서 이스라엘 백성을 '자기 기업의 백성'을 삼기 위한 수단이었음을 밝히고 있습니다.

지혜의 왕 솔로몬의 증언

하나님으로부터 전무후무한 지혜를 얻은 솔로몬은 다윗의 대를 이어 이스라엘의 왕이되었고, 그는 그의 대관식 날, 하늘의 하나님을 향하여 무릎을 꿇고 손을 펴서 기도와 간구를 올렸습니다.

"여호와여, 이들은 주께서 풀무 불 같은 애굽에서
인도하여 내신 주의 백성, 주의 소유가 되었나이다.
그러하오니 주의 백성, 이스라엘의 간구함을 보시고
주께 부르짖는대로 들으시옵소서."

(왕상 8:51-52)

솔로몬 왕은 하나님을 향한 기도와 간구 중에서 애굽의 삶이 이스라엘 백성에게는 풀무 불 같은 삶, 연단의 기간이었음을 고백하면서, 이로 인하여 그들이 '주의 백성, 주의 소유'가 되었다고 말하고 있습니다. 이들은 한결같이 애굽에서의 이스라엘의 노예 생활을 풀무 불 속에의 연단의 기간이었다고 고백하고 있는 것입니다.

애굽의 쇠 풀무 불 속으로 이스라엘을 이끄신 하나님은 이러한 연단의 과정을 통하여 무엇을 원하시었나? 풀무불의 연단 속으로 이스라엘을 이끄신 하나님의 의도와 목적은 무엇이었을까요?

'네 자손이 이방에서 객이 되어 그들을 섬기겠고 그들은
사백 년 동안 네 자손을 괴롭히리니....' 하신
아브람을 향한 예언의 말씀 속에서 우리는 그 원인과
이유에 대하여 유추하여 보고자 합니다.
(이를 알기 위하여서는 창세기 15장 1절에서 14절의
말씀을 중심하여 살펴 보고자 합니다.)

애굽의 쇠 풀무 불 속에서의 연단 과정을 통하여 하나님이 원하시는 것은 무엇일까요?

첫째 : 인내하는 믿음

택하심을 입은 이스라엘 백성들을 애굽으로 이끄시어 400년의 노예 생활로 연단하신 이유는 무엇보다도 그들에게 인내의 믿음을 요구하신 것입니다.

아브람에게는 인내의 믿음이 부족하였습니다. 하나님께서 아브람을 찾아오시어, 나눈 대화를 살펴보겠습니다.

하나님 : 아브람아 두려워하지 말라 나는 네 방패요 너의 지극히 큰 상급이니라

아브람 : 주 여호와여 무엇을 내게 주시려 하나이까 나는 자식이 없사오니 나의 상속자는 이 다메섹 사람 엘리에셀이니이다. 주께서 내게 씨를 주지 아니하셨으니 내 집에서 길린 자가 내 상속자가 될 것이니이다

하나님 : 아브람아, 그 사람이 네 상속자가 아니라 네 몸에서 날 자가 네 상속자가 되리라. (밖으로 이끄신 후) 하늘을 우러러 뭇별을 셀 수 있나 보라 네 자손이 이와 같으리라

아브람이 자신을 찾아오신 하나님을 향하여, 지금까지도 내게 씨를 아니주셨 나이다. 허니, (이제는 더 이상 못 기다리겠습니다.) 내 집의 상속자는 다메섹에서 데려다가 기른 엘리에셀로 정하겠나이다. 하고 사뭇 불편한 마음으로 말하였습니다.

아브람은 하나님 앞에 인내의 한계를 여실히 보여 줍니다. 더 이상 기다릴 수 없음을 말씀을 드립니다. 이에 대하여 하나님은 몹시 안타까이 여기시며, 아브람을 밖으로 인도하신 후, 하늘에 떠 있는 뭇 별들을 보여주시며, 하시는 말씀이 아브람아 네 자손이 이와같이 창대하리라고 다시금 확증하여 주시는 것입니다.

하나님은 우리에게 인내의 믿음을 보기를 원하십니다. 그리고 인내하는 믿음의 소유자에게 큰 복을 허락하시는 것입니다.

형제들아 주의 이름으로 말한 선지자들을
고난과 오래 참음의 본으로 삼으라
보라 인내하는 자를 우리가 복되다 하나니
너희가 욥의 인내를 들었고 주께서 주신 결말을
보았거니와
주는 가장 자비하시고 긍휼히 여기시는 이시니라

(야고보서 5:10-11)

애굽에서의 400년의 종살이는 하나님의 구원하심을 믿는 믿음에 있어서의 인내의 연단과정이었습니다.

보세요!
믿는 자 누구에게나 인내의 연단은 반드시 필요합니다. 믿는 자에게 있어서 인내는 믿음의 바로미터이기 때문입니다. 믿음에 인내가 부족하다면, 종국에는 불평, 불만이 나오고, 원망이 생기며, 결국 불신이 자라게 되는 것입니다.

내 형제들아 너희가 여러 가지 시험을 만나거든
온전히 기쁘게 여기라
이는 너희 믿음의 시련이 인내를 만들어
내는 줄 너희가 앎이라

(야고보서 1:2-3)

**애굽의 쇠 풀무 불 속에서의 연단 과정을 통하여
하나님이 원하시는 것은 무엇일까요?**

둘째 : 하나님의 말씀에 대한 절대적인 아멘의 믿음

창세기 15장에서의 하나님과 아브람의 대화를 다시 보겠습니다.

> 하나님 : 아브람아! 나는 이 땅을 네게 주어 소유를 삼게
> 하려고 너를 갈대아인의 우르에서 이끌어 낸 여호
> 와니라

> 아브람 : 주 여호와여 내가 이 땅을 소유로 받을 것을 무엇으로
> 알리이까

> 하나님 : 나를 위하여 삼 년 된 암소와 삼 년 된 암염소와
> 삼 년 된 숫양과 산비둘기와 집비둘기 새끼를 가져
> 올지니라

상기의 대화를 통하여 우리가 알 수 있는 것은 하나님의 말씀에 대하여 선 듯 수긍하지 못하는 아브람의 모습을 볼 수 있습니다. 이 땅을 나의 소유로 주신다구요? 이 땅이 내 소유가 될 것을 어찌 알겠어요? 사뭇 의심의 목소리를 내는 아브람의 모습을 볼 수 있습니다. 하나님의 말씀에 즉시 아멘으로 화답하여야 하지 않을까요?

나아가서 아브람은 말씀에 대한 증거를 요구합니다. '증거를 보여주세요!'하고 말입니다.

하나님은 믿는 자에게 무엇을 요구하시나요? 하나님의 모든 말씀에 대하여 '아멘'을 요구하십니다. 아브람은 이에 부응하지 못하였습니다.

의심하는 도마를 향하신 예수님의 책망

여드레를 지나서 제자들이 다시 집 안에 있을 때에 도마도
함께 있고 문들이 닫혔는데 예수께서 오사 가운데 서서
이르시되 너희에게 평강이 있을지어다 하시고
도마에게 이르시되 네 손가락을 이리 내밀어 내 손을
보고 네 손을 내밀어 내 옆구리에 넣어 보라 그리하여
믿음 없는 자가 되지 말고 믿는 자가 되라
도마가 대답하여 이르되 나의 주님이시요 나의
하나님이시니이다
예수께서 이르시되 너는 나를 본 고로 믿느냐 보지 못하고
믿는 자들은 복되도다 하시니라

(요한복음 20:26-29)

아브람은 "이 땅을 네게 주어 소유를 삼게 하려고 너를 갈대아인의 우르에서 이끌어 내었노라" 하시는 하나님의 말씀에 대하여, 아멘으로 화답하여야만 했습니다.

> 하나님의 약속은 얼마든지 그리스도 안에서 예가 되니
>
> 그런즉 그로 말미암아 우리가 아멘 하여
>
> 하나님께 영광을 돌리게 되느니라
>
> (고린도 후서 1:20)

애굽의 쇠 풀무 불 속에서의 연단 과정을 통하여 하나님이 원하시는 것은 무엇일까요?

<u>셋째 : 올바른 제사</u>

하나님의 백성에게 있어서 제사란 참으로 중요합니다. 왜냐면 하나님과 이스라엘 백성들과의 관계는 제사로 관계를 이어지기 때문입니다.

> 하나님이 자기의 백성을 판결하시려고 위 하늘과 아래
>
> 땅에 선포하여 이르시되 나의 성도들을 내 앞에 모으라
>
> 그들은 제사로 나와 언약한 이들이니라 하시도다
>
> (시편 50:4-5)

하나님은 이스라엘 백성들이 올리는 제단과 제물을 통하여 당신 백성들의 관계를 정립하시며, 때로는 심판하시며, 혹은 죄를 용서하시는가 하면 때로는 복을 내리신다.

가인과 아벨의 제사

세월이 지난 후에 가인은 땅의 소산으로 제물을 삼아
여호와께 드렸고 아벨은 자기도 양의 첫 새끼와 그
기름으로 드렸더니 여호와께서 아벨과 그의 제물은
받으셨으나
가인과 그의 제물은 받지 아니하신지라 가인이 몹시
분하여 안색이 변하니
여호와께서 가인에게 이르시되 네가 분하여 함은 어찌
됨이며 안색이 변함은 어찌 됨이냐
네가 선을 행하면 어찌 낯을 들지 못하겠느냐 선을 행하지
아니하면 죄가 문에 엎드려 있느니라 죄가 너를 원하나
너는 죄를 다스릴지니라

(창세기 4:3-7)

제사의 결과로 인하여 한 사람은 저주의 사람이 되었고, 한 사람은 복의 사람이 되었던 것입니다.

아브람의 하나님을 향한 제사를 과연 하나님께서 기뻐하시었을까? 아브람의 제사가 가인의 제사가 아닌 아벨의 제사처럼 하나님께서 합당하게 여기는 제사였을까?

아브람의 제사에서 우리는 몇 가지 문제점을 발견하게 됩니다.

문제 하나 : 제단 위에 올려진 쪼개지 아니한 비둘기의 사채들
문제 둘 : 제단 위를 올려진 제물을 탐내어 재단 위를 맴도는 솔개의 출현
문제 셋 : 성스러운 제사 도중에 잠자는 아브람
문제 넷 : 흑암으로 어두워진 제단
문제 다섯 : 기쁨과 감사가 아닌 두려움으로 가득한 제단

이러한 제단 위에 임한 여호와의 말씀은 "아브람아, 네 자손이 이방에서 객이되고 사 백년 동안 그들에게 괴롭힘을 당하리라."는 것이었습니다.

이렇게 하여 이스라엘 백성들의 애굽에서의 사백년의 종살이, 쇠 풀무 불 같은 연단이 시작된 것입니다.

제사 즉 예배의 중요성을 예수님의 가르침을 통하여서도 알 수 있습니다. 예수님은 자신이 메시야되심을 제자들에게도 말씀하지 아니하셨으나, 유독 사마리아 여인에게 나타내셨으며, 참으로 중요한 예배에 관한 교훈을 이 여인에게 가르치신 것입니다.

여자가 이르되 주여 내가 보니 선지자로소이다

우리 조상들은 이 산에서 예배하였는데 당신들의 말은

예배할 곳이 예루살렘에 있다 하더이다

예수께서 이르시되 여자여 내 말을 믿으라 이 산에서도

말고 예루살렘에서도 말고 너희가 아버지께 예배할 때가

이르리라

너희는 알지 못하는 것을 예배하고 우리는 아는 것을

예배하노니

이는 구원이 유대인에게서 남이라

아버지께 참되게 예배하는 자들은 영과 진리로 예배할

때가 오나니

곧 이 때라 아버지께서는 자기에게 이렇게 예배하는

자들을 찾으시느니라

(요한복음 4:19-23)

   오늘날에도 참 예배자를 찾으시는 하나님이시다. 만일 당신이 예배에 성공자가 되지 못한다면 당신은 결코 하나님과 가까워 질 수 없다. 참다운 신앙인이라면 하나님과 가까워지는 것이 인생의 최고의 복이요, 신앙생활의 성공자임을 고백하게 될 것이다.

애굽의 쇠 풀무 불 속에서의 연단 과정을 통하여
하나님이 원하시는 것은 무엇일까요?

넷째 : 하나님의 언약에 대한 절대적이고 확고한 믿음

아브람은 하나님의 언약의 말씀에 대한 인내의 믿음이 부족
하였으며, 하나님은 아브람에게 언약하신 말씀에 대한 확고한
믿음, 흔들리지 않는 믿음을 요구하십니다.

아브람의 자손의 번창에 대한 하나님의 언약

창세기 12장
여호와께서 아브람에게 이르시되 너는 너의 고향과
친척과 아버지의 집을 떠나 내가 네게 보여 줄 땅으로 가라
내가 너로 큰 민족을 이루고 네게 복을 주어 네 이름을
창대하게 하리니
너는 복이 될지라
너를 축복하는 자에게는 내가 복을 내리고 너를 저주하는
자에게는 내가 저주하리니 땅의 모든 족속이 너로
말미암아 복을 얻을 것이라 하신지라

창세기 13장

롯이 아브람을 떠난 후에 여호와께서 아브람에게
이르시되 너는 눈을 들어 너 있는 곳에서 북쪽과 남쪽
그리고 동쪽과 서쪽을 바라보라
보이는 땅을 내가 너와 네 자손에게 주리니 영원히
이르리라
내가 네 자손이 땅의 티끌 같게 하리니 사람이 땅의
티끌을 능히 셀 수 있을진대 네 자손도 세리라

아브람이 자손의 번창에 대한 하나님의 언약에 대하여 불신

창세기 15장

이 후에 여호와의 말씀이 환상 중에 아브람에게 임하여
이르시되 아브람아 두려워하지 말라 나는 네 방패요
너의 지극히 큰 상급이니라
아브람이 이르되 주 여호와여 무엇을 내게 주시려
하나이까 나는 자식이 없사오니 나의 상속자는 이 다메섹
사람 엘리에셀이니이다
아브람이 또 이르되 주께서 내게 씨를 주지 아니하셨으니

내 집에서 길린 자가 내 상속자가 될 것이니이다

여호와의 말씀이 그에게 임하여 이르시되 그 사람이
네 상속자가 아니라 네 몸에서 날 자가 네 상속자가
되리라 하시고

그를 이끌고 밖으로 나가 이르시되 하늘을 우러러 뭇별을
셀 수 있나 보라 또 그에게 이르시되 네 자손이 이와
같으리라

하나님께서 아브람을 찾아오셨을 때, 아브람은 후손의 번창에
대한 하나님의 언약에도 불구하고 아브라함은 지금까지 자식
(씨)를 아니주셨으니 나의 후사는 비록 내가 낳은 자식은 아니
지만 내 집에서 기르고 자란 다메섹 출신 엘리에셀을 내 후계
자로 정하였나이다. 라고 말씀을 드렸습니다.

아브람의 말을 들은 여호와 하나님은 깜짝 놀라며, "아니라,
그 사람은 네 상속자가 아니냐, 네 상속자는 네 몸에서 날 자라야
하는거야."하시며, 아브람을 이끌고 밖으로 나가서 하늘을 바라
보라 하신 후, "너는 뭇별들의 수를 셀 수 있겠느냐?" 이에
아브람이 "아닙니다. 너무도 많아서 도저히 셀 수가 없나이다."
하고 말씀을 드리자 "그래, 너에게서 낳을 자손이 이와 같이
많으리라."하셨습니다.

하나님의 세계는 믿음의 세계입니다. 하나님의 말씀에 대한 절대적이고 온전한 믿음 말입니다.

믿음은 바라는 것들의 실상이요 보지 못하는 것들의
증언니 선진들이 이로써 증거를 얻었으니라
믿음으로 모든 세계가 하나님의 말씀으로 지어진 줄을
우리가 아나니
보이는 것은 나타난 것으로 말미암아 된 것이 아니니라
믿음으로 아벨은 가인보다 더 나은 제사를 하나님께
드림으로 의로운 자라 하시는 증거를 얻었으니 하나님이
그 예물에 대하여 증언하심이라 그가 죽었으나
그 믿음으로써 지금도 말하느니라
믿음으로 에녹은 죽음을 보지 않고 옮겨졌으니 하나님이
그를 옮기심으로 다시 보이지 아니하였느니라
그는 옮겨지기 전에 하나님을 기쁘시게 하는 자라 하는
증거를 받았느니라
믿음이 없이는 하나님을 기쁘시게 하지 못하나니
하나님께 나아가는 자는 반드시 그가 계신 것과 또한
그가 자기를 찾는 자들에게 상 주시는 이심을 믿어야
할지니라

(히브리서 11:1-6)

아브람은 하나님의 언약에 대하여 절대적 믿음을 보여야만 하였습니다. 아브람은 하나님의 언약에 대하여 온전히 신뢰하지 못하는 믿음, 인내하지 못하는 믿음으로 하나님을 실망시켜 드렸습니다. 결국 이러한 일들로 인하여 아브람의 자손들인 이스라엘 백성들이 사 백년의 풀무불의 연단의 과정을 걷게 된 것입니다.

무엇을 위한 무려 400년의 쇠 풀무 불 연단이란 말인가?

예레미야 선지자의 입을 빌어 하신 말씀 속에서 애굽 땅에서의 쇠 풀무 불 같은 연단을 통하여 하나님께서 이스라엘에게 요구하는 것이 무엇인가를 확실하게 보여 주고 있습니다.

여호와께로부터 예레미야에게 임한 말씀이라 이르시되

너희는 이 언약의 말을 듣고 유다인과 예루살렘 주민에게

말하라

그들에게 이르기를 이스라엘의 하나님 여호와께서 이와

같이 말씀하시되

이 언약의 말을 따르지 않는 자는 저주를 받을 것이니라

이 언약은 내가 너희 조상들을 쇠풀무 애굽 땅에서

이끌어내던 날에 그들에게

명령한 것이라 곧 내가 이르기를 너희는 내 목소리를
순종하고 나의 모든 명령을 따라 행하라 그리하면 너희는
내 백성이 되겠고
나는 너희의 하나님이 되리라
내가 또 너희 조상들에게 한 맹세는 그들에게 젖과 꿀이
흐르는 땅을 주리라 한 언약을 이루리라 한 것인데 오늘이
그것을 증언하느니라 하라 하시기로 내가 대답하여
이르되 아멘 여호와여 하였노라

(예레미야 11:1-5)

이스라엘 백성들은 애굽에서 무려 400년이라는 긴 세월 동안, 악랄하고 처절한 노예 생활, 풀무불 같은 시련의 연단을 받았습니다. 이를 통하여 하나님께서 이스라엘 백성에게 요구하는 것은 유일 신 여호와 신앙과 철저한 말씀 순종, 하나님 백성으로서의 자존감을 소유하고, 하나님의 뜻을 행하기를 기대하셨습니다.

여기 좋은 예가 있습니다. 다니엘서에서 보여주는 다니엘과 다니엘의 세 친구의 믿음의 역사는 애굽이라는 쇠풀무에서 연단 받은 후, 이스라엘 백성의 여호와 신앙이 이와 같아야 할 것을 보여주는 좋은 예라고 생각합니다.

다니엘의 믿음

다니엘은 뜻을 정하여 왕의 음식과 그가 마시는 포도주로
자기를 더럽히지 아니하리라 하고 자기를 더럽히지
아니하도록 환관장에게 구하니
하나님이 다니엘로 하여금 환관장에게 은혜와 긍휼을
얻게 하신지라

(단 1:8-9)

이에 총리들과 고관들이 모여 왕에게 나아가서 그에게 말하되
다리오 왕이여 만수무강 하 옵소서
나라의 모든 총리와 지사와 총독과 법관과 관원이 의논하고
왕에게 한 법률을 세우며 한 금령을 정하실 것을
구하나이다
왕이여 그것은 곧 이제부터 삼십 일 동안에 누구든지
왕 외의 어떤 신에게나 사람에게 무엇을 구하면 사자
굴에 던져 넣기로 한 것이니이다
그런즉 왕이여 원하건대 금령을 세우시고 그 조서에
왕의 도장을 찍어 메대와 바사의 고치지 아니하는 규례를
따라 그것을 다시 고치지 못하게 하옵소서 하매 이에
다리오 왕이 조서에 왕의 도장을 찍어 금령을 내니라

다니엘이 이 조서에 왕의 도장이 찍힌 것을 알고도 자기 집에 돌아가서는 윗방에 올라가 예루살렘으로 향한 창문을 열고 전에 하던 대로 하루 세 번씩 무릎을 꿇고 기도하며 그의 하나님께 감사하였더라

.... (중략) ....

이에 왕이 명령하매 다니엘을 끌어다가 사자 굴에 던져 넣는지라 왕이 다니엘에게 이르되 네가 항상 섬기는 너의 하나님이 너를 구원하시리라 하니라

.... (중략) ....

나의 하나님이 이미 그의 천사를 보내어 사자들의 입을 봉하셨으므로 사자들이 나를 상해하지 못하였사오니 이는 나의 무죄함이 그 앞에 명백함이오며 또 왕이여 나는 왕에게도 해를 끼치지 아니하였나이다 하더라 왕이 심히 기뻐서 명하여 다니엘을 굴에서 올리라 하매 그들이 다니엘을 굴에서 올린즉 그의 몸이 조금도 상하지 아니하였으니 이는 그가 자기의 하나님을 믿음이었더라

(다니엘 6:6-23)

느부잣네살 왕이 노하고 분하여 사드락과 메삭과
아벳느고를 끌어오라 말하매 드디어 그 사람들을 왕의
앞으로 끌어온지라

느부갓네살이 그들에게 물어 이르되 사드락, 메삭,
아벳느고야 너희가 내 신을 섬기지 아니하며 내가 세운
금 신상에게 절하지 아니한다 하니 사실이냐

이제라도 너희가 준비하였다가 나팔과 비파와 수금과
삼현금과 양금과 생황과 및 모든 악기 소리를 들을 때
내가 만든 신상 앞에 엎드려 절하면 좋거니와 너희가
만일 절하지 아니하면 즉시 너희를 맹렬히 타는 풀무불
가운데에 던져 넣을 것이니 능히 너희를 내 손에서 건져낼
신이 누구이겠느냐 하니 사드락과 메삭과 아벳느고가
왕에게 대답하여 이르되 느부갓네살이여 우리가 이 일에
대하여 왕에게 대답할 필요가 없나이다

왕이여 우리가 섬기는 하나님이 계시다면 우리를 맹렬히
타는 풀무불 가운데에서 능히 건져내시겠고 왕의
손에서도 건져내시리이다

그렇게 하지 아니하실지라도 왕이여 우리가 왕의 신들을

섬기지도 아니하고 왕이 세우신 금 신상에게 절하지도
아니할 줄을 아옵소서

(다니엘 3:13-18)

다니엘서를 통하여 우리는 하나님이 원하시는 믿음이 어떠
하여야 하는가를 살펴 볼 수 있습니다. 뜻을 정하고 세상 권세에
굴하지 않고, 세상과 타협하지 아니하며, 하나님만 높이는
다니엘의 믿음, 사자굴에 던져질 것을 알고도 하나님께 기도
하기를 멈추지 아니한 다니엘, 아울러 풀무불 속에 던져질
것을 알고도 죽으면 죽으리라는 각오로 우상에게 절하지 아니한
사드락과 메삭과 아벳느고와 같은 절개있는 믿음을 하나님은
요구하신 것입니다.

놀라우신 하나님의 계획

하나님은 택하심을 입은 이스라엘을 향하여 놀라운 계획을
가지고 있었습니다. 그것은 이스라엘 백성을 당신의 백성으로
삼으시고, 지금까지 소중하게 간직한 낙원으로 이끄시어 영생
(생명나무 과일)의 축복과 하나님과의 사랑의 교제 속에서 풍성
하고 기쁨 넘치는 삶을 주시고자 하는 것이었습니다.

인간이 꿈꾸는 낙원에로의 소망을 이루려면, 하나님과의 화평을 이루는 것이 선행되어져야 하며, 하나님의 백성으로서의 자격을 갖추어 환란 중에서라도 하나님으로 즐거워 하면서, 인내로서 믿음으로 마침내 낙원의 소망을 이루어야 하겠습니다.

너희를 내 백성으로 삼고 나는 너희의 하나님이 되리니
나는 애굽 사람의 무거운 짐 밑에서 너희를 빼낸
너희의 하나님 여호와인 줄 너희가 알지라

(출애굽기 6:7)

그러므로 우리가 믿음으로 의롭다 하심을 받았으니
우리 주 예수 그리스도로 말미암아 하나님과 화평을
누리자
또한 그로 말미암아 우리가 믿음으로 서 있는 이 은혜에
들어감을 얻었으며 하나님의 영광을 바라고 즐거워하느니라
다만 이뿐 아니라 우리가 환난 중에도 즐거워하나니
이는 환난은 인내를, 인내는 연단을, 연단은 소망을
이루는 줄 앎이로다

(로마서 5:1-4)

귀 있는 자는 성령이 교회들에게 하시는 말씀을
들을지어다
이기는 그에게는 내가 <u>하나님의 낙원에 있는 생명나무의</u>
<u>열매</u>를 주어 먹게 하리라

(요한계시록 2:7)

하나님의 기대에 부응하지 못한 이스라엘

　사백년이라는 기나긴 세월 동안의 연단 과정을 겪은 후에도
이스라엘 백성들은 하나님의 기대에 부응할 만한 믿음의 사람
들로 성장하지를 못하였고, 하나님의 백성답게 변화된 모습이
보이지 않았습니다. 하나님의 백성으로서의 자질이 영적인
자질을 갖추어지지를 못하였던 것입니다.

　그러므로 형제들아 내가 하나님의 모든 자비하심으로
너희를 권하노니
너희 몸을 하나님이 기뻐하시는 거룩한 산 제물로 드리라
이는 너희가 드릴 영적 예배니라
너희는 이 세대를 본받지 말고 오직 마음을 새롭게 함으로
변화를 받아 하나님의 선하시고 기뻐하시고 온전하신 뜻이
무엇인지 분별하도록 하라

(로마서 12:1-2)

변화되지 못한 이스라엘

여호와께서 내게 이르시되 너는 이 모든 말로 유다 성읍들과 예루살렘 거리에서 선포하여 이르기를 너희는 이 언약의 말을 듣고 지키라

내가 너희 조상들을 애굽 땅에서 인도하여 낸 날부터 오늘까지 간절히 경계하며 끊임없이 경계하기를 너희는 내 목소리를 순종하라 하였으나

그들이 순종하지 아니하며 귀를 기울이지도 아니하고 각각 그 악한 마음의 완악한 대로 행하였으므로 내가 그들에게 행하라 명령하였어도 그들이 행하지 아니한 이 언약의 모든 규정대로 그들에게 이루게 하였느니라 하라

여호와께서 또 내게 이르시되 유다인과 예루살렘 주민 중에 반역이 있도다

그들이 내 말 듣기를 거절한 자기들의 선조의 죄악으로 돌아가서 다른 신들을 따라 섬겼은즉 이스라엘 집과 유다 집이 내가 그들의 조상들과 맺은 언약을 깨뜨렸도다

그러므로 나 여호와가 이와 같이 말하노라 보라 내가 재앙을 그들에게 내리리니 그들이 피할 수 없을 것이라 그들이 내게 부르짖을지라도 내가 듣지 아니할 것인즉

유다 성읍들과 예루살렘 주민이 그 분향하는 신들에게
가서 부르짖을지라도 그 신들이 그 고난 가운데에서
절대로 그들을 구원하지 못하리라
유다야 네 신들이 네 성읍의 수와 같도다 너희가 예루살렘
거리의 수대로 그 수치스러운 물건의 제단 곧 바알에게
분향하는 제단을 쌓았도다

(예레미야 11:6-13)

목이 곧은 이스라엘

하나님께서 이스라엘 백성들을 굽어 보신 즉, 목이 곧은 백성들이 되어, 고집이 세고, 하나님의 말씀을 거역하며, 목자의 음성을 듣고도 따르지 않는 참으로 패역한 백성들이었습니다.

여호와께서 모세에게 이르시기를 이스라엘 자손에게
이르라 너희는 목이 곧은 백성인즉 내가 한 순간이라도
너희 가운데에 이르면 너희를 진멸하리니
너희는 장신구를 떼어 내라 그리하면 내가 너희에게
어떻게 할 것인지 정하겠노라 하셨음이라

(출애굽기 33:5)

여호와께서 또 내게 말씀하여 이르시되 내가 이 백성을
보았노라 보라
이는 목이 곧은 백성이니라

(신명기 9:13)

그러므로 네가 알 것은 네 하나님 여호와께서 네게 이
아름다운 땅을 기업으로 주신 것이 네 공의로 말미암음이
아니니라 너는 목이 곧은 백성이니라

(신명기 9:6)

내가 너희의 반역함과 목이 곧은 것을 아나니
오늘 내가 살아서 너희와 함께 있어도 너희가 여호와를
거역하였거든
하물며 내가 죽은 후의 일이랴

(신명기 31:27)

만일 애굽에서의 풀무불 연단을 거쳐, 철저한 유일신 여호와
신앙이 이루어지고, 하나님 말씀에 절대 순종, 그리고 여호와
하나님으로 기뻐하는 신앙이 이루어졌다면 어찌 되었을까?

아마도 하나님은 이스라엘을 가나안이 아닌 낙원으로 인도하셨을 것에 대하여 의심하지 않습니다. 하나님께서는 이스라엘 백성들을 위하여 굳게 닫힌 낙원의 문을 열고, 그들을 기쁨으로 영접하였으리라 감히 생각합니다.

보세요!
하나님께서 이스라엘 백성을 가나안이 아닌 낙원으로 인도하시려고 하셨다는 것을 증거하는 말씀이 있습니다.

하나님은 친히 육신을 입고 이 땅에 임마누엘하시어 목자장으로서 자기 백성인 양무리를 인도하시고자 하셨습니다. 이 사실에 대한 성경의 증거들이 다음과 같습니다.

보라 처녀가 잉태하여 아들을 낳을 것이요
그의 이름은 임마누엘이라 하리라 하셨으니
이를 번역한즉 하나님이 우리와 함께 계시다 함이라

(마태복음 1:23)

헤롯 왕 때에 예수께서 유대 베들레헴에서 나시매
동방으로부터 박사들이 예루살렘에 이르러 말하되
유대인의 왕으로 나신 이가 어디 계시냐

우리가 동방에서 그의 별을 보고 그에게 경배하러 왔노라 하니

헤롯 왕과 온 예루살렘이 듣고 소동한지라

왕이 모든 대제사장과 백성의 서기관들을 모아

그리스도가 어디서 나겠느냐 물으니

이르되 유대 베들레헴이오니 이는 선지자로 이렇게

기록된 바

또 유대 땅 베들레헴아 너는 유대 고을 중에서 가장

작지 아니하도다

네게서 한 다스리는 자가 나와서 내 백성 이스라엘의

목자가 되리라 하였음이니이다

(마태복음 2:1-6)

그러므로 예수께서 다시 이르시되

내가 진실로 진실로 너희에게 말하노니 나는 양의 문이라

나보다 먼저 온 자는 다 절도요 강도니 양들이 듣지

아니하였느니라

내가 문이니 누구든지 나로 말미암아 들어가면 구원을 받고

또는 들어가며 나오며 꼴을 얻으리라

도둑이 오는 것은 도둑질하고 죽이고 멸망시키려는 것 뿐이요

내가 온 것은 양으로 생명을 얻게 하고 더 풍성히 얻게
하려는 것이라
나는 선한 목자라 선한 목자는 양들을 위하여 목숨을
버리거니와
삯꾼은 목자도 아니요 양도 제 양이 아니라
이리가 오는 것을 보면 양을 버리고 달아나나니
이리가 양을 물어가고 또 헤치느니라

(요한복음 10:7-12)

너희가 내 양이 아니므로 믿지 아니하는도다
내 양은 내 음성을 들으며 나는 그들을 알며 그들은
나를 따르느니라
내가 그들에게 영생을 주노니 영원히 멸망하지 아니할
것이요
또 그들을 내 손에서 빼앗을 자가 없느니라

(요한복음 10:26-28)

예수께서는 선한 목자로 이 땅에 임마누엘 하시어 양무리되는
자기 백성 이스라엘을 어디로 인도하시려 하셨나요? 십자가
위에서 한 강도에게 하신 말씀 속에서 우리는 인도하사고자

하는 목적지를 알게 됩니다.

　　예수여 당신의 나라에 임하실 때에 나를 기억하소서 하니
　　예수께서 이르시되 내가 진실로 네게 이르노니
　　오늘 네가 나와 함께 낙원에 있으리라 하시니라

낙원(Paradise)!

　예수께서 육신을 입고 이 땅에 오신 것은 택하신 백성들을 당신의 나라, 낙원으로 인도하시려 이 땅에 임하신 것입니다. 에덴 동산이라 불리우는 낙원은 창세로부터 하나님의 영으로 지음 받은 택한 백성을 위해 준비하신 장소입니다.

　사백년동안의 불무불 같은 애굽에서의 연단과정을 통하여 그 옛날 사단의 유혹에 빠져, 하나님 말씀을 저버리고, 선악과를 따먹었을 때의 죄를 철저히 회개함과 하나님처럼 되리라는 망상에서 벗어나 하나님 백성으로서 "나의 주, 나의 하나님"을 고백하고 하나님의 말씀에 온전히 순종하며, 주와 함께 살고, 주와 함께 죽으리라는 믿음으로 바뀌었다면 이스라엘의 종착지는 가나안이 아닌, 낙원이었을 것입니다.

그렇습니다.

이스라엘 백성들의 애굽에서의 400년이라는 세월 동안의 처절한 연단 과정은 이스라엘 백성들로 하여금 낙원에 들어가 살기에 합당한 백성으로 만들기 위한 하나님의 계획이었습니다.

제6장

가나안이 아닌 낙원으로 이끄시는 하나님

여러분은 무엇을 기대하십니까?

좋으신 하나님을 향하여 무엇을 바라고 소망하는 것입니까?

목자장 되시는 예수님께서 양무리가 되는 우리를 인도하심에 있어서 어떤 곳으로 인도하실 것을 기대하고 있습니까?

푸른 초장 맑은 시냇물이 흐르는 곳,
삶에 조금도 부족함이 없고 풍요로운 곳,
악한 자와 적들의 위협이 없는 곳,
평안이 있고 참된 쉼이 있는 곳,
영원한 생명이 보장되는 곳

바로 이와 같은 곳으로 인도함을 받기를 소망할 것입니다.

보세요!
택하심을 입은 이스라엘을 향한 하나님의 사랑과 관심이 어떠한지를 알아야 합니다.

야곱아 너를 창조하신 여호와께서 지금 말씀하시느니라
이스라엘아 너를 지으신 이가 말씀하시느니라
너는 두려워하지 말라 내가 너를 구속하였고
내가 너를 지명하여 불렀나니 너는 내 것이라
네가 물 가운데로 지날 때에 내가 함께 할 것이라
강을 건널 때에 물이 너를 침몰하지 못할 것이며
네가 불 가운데로 지날 때에 타지도 아니할 것이요
불꽃이 너를 사르지도 못하리니
대저 나는 여호와 네 하나님이요 이스라엘의 거룩한 이요
네 구원자임이라 내가 애굽을 너의 속량물로, 구스와 스바를
너를 대신하여 주었노라
네가 내 눈에 보배롭고 존귀하며 내가 너를 사랑하였은즉
내가 네 대신 사람들을 내어 주며 백성들이 네 생명을
대신하리니

두려워하지 말라 내가 너와 함께 하여 네 자손을
동방에서부터 오게 하며 서방에서부터 너를 모을 것이며
내가 북방에게 이르기를 내놓으라 남방에게 이르기를
가두어 두지 말라
내 아들들을 먼 곳에서 이끌며 내 딸들을 땅 끝에서
오게 하며
내 이름으로 불려지는 모든 자 곧 내가 내 영광을 위하여
창조한 자를 오게 하라 그를 내가 지었고 그를 내가
만들었느니라

(이사야 43:1-7)

가장 좋은 것을 주시는 하나님

이스라엘을 향한 하나님의 사랑과 관심이 위와 같기에 이스라엘을 향하여 언제나 가장 좋은 것을 주시기를 기뻐하시는 하나님이십니다.

주의 궁정에서의 한 날이 다른 곳에서의 천 날보다 나은즉
악인의 장막에 사는 것보다 내 하나님의 성전 문지기로
있는 것이 좋사오니

여호와 하나님은 해요 방패이시라 여호와께서 은혜와
영화를 주시며 정직하게 행하는 자에게 좋은 것을 아끼지
아니하실 것임이니이다

(시편 84:10-11)

내 영혼아 여호와를 송축하라
내 속에 있는 것들아 다 그의 거룩한 이름을 송축하라
내 영혼아 여호와를 송축하며 그의 모든 은택을 잊지
말지어다
그가 네 모든 죄악을 사하시며 네 모든 병을 고치시며
네 생명을 파멸에서 속량하시고 인자와 긍휼로 관을
씌우시며 좋은 것으로 네 소원을 만족하게 하사
네 청춘을 독수리 같이 새롭게 하시는도다

(시편 103:1-5)

너희가 악한 자라도 좋은 것으로 자식에게 줄 줄 알거든
하물며 하늘에 계신 너희 아버지께서 구하는 자에게
좋은 것으로 주시지 않겠느냐

(마태복음 7:11)

가나안 땅이 아닌 낙원으로 인도하시다.

선민 이스라엘 백성들을 향한 하나님의 사랑과 관심이 이상과 같고, 택하심을 입은 자들에게 언제나 가장 좋은 것으로 주시기를 기뻐하시는 하나님이심을 마음 속에 깊이 새겨야 할 것입니다.

그렇다면 좋으신 하나님은 야곱과 그의 후손들인 이스라엘 백성들을 애굽에서 해방하시고, 모세를 통하여 어디로 이끄시기를 원하시었을까요? 하나님은 택하심을 입은 당신의 백성들이 어디에 살기를 기뻐하실까요? 당연히 그들이 낙원에서 생을 누리기를 기뻐하셨을 것입니다. 왜냐면 하나님은 당신의 자녀들이요, 당신의 백성들에게 항상 최상의 것을 주시기를 기뻐하시는 분이시기에 때문입니다.

때문에 가나안 땅은 하나님께서 이스라엘 백성에게 허락하신 약속의 땅이기는 하나, 하나님께서 이스라엘 백성을 이끄시고자 하는 최종 목적지는 아니라는 것이다.

우리는 다음과 사실에 주목할 필요가 있다.

좋으신 하나님께서 이스라엘 백성들을 이끄시는 최종 목적지로서의 조건이 있다면 적어도 다음과 같은 여건이 갖추어져야 할 것입니다.

1. 평화와 안녕이 약속된 곳
2. 저주는 사라지고 복이 넘치는 곳
3. 정의와 공의가 실현되는 곳
4. 풍요로운 삶이 전개되는 곳
5. 적들이 없이 모든 이웃이 사랑으로 하나 되는 곳
6. 영생의 삶이 주어지는 곳

보세요!
가나안 땅은 이러한 기대에 결코 부응하지 못하는 곳입니다.
그러기에 가나안은 하나님이 이스라엘을 이끄시는 최종 목적지가
아닙니다.

가나안이 최종 목적지가 아닌 몇 가지 이유들이 있습니다.

첫째 : 가나안 땅이 하나님께서 이스라엘 백성들을 이끄시고
자 하는 최종 목적지였다면, 이미 가나안 땅에 살고
있는 이스라엘 즉 야곱과 그의 자녀들을 애굽으로
불러낼 이유가 없다는 것이다.

둘째 : 가나안 땅은 복과 저주가 함께 선포된 곳입니다.
진정 가나안 땅이 하나님께서 이스라엘 백성을 위한

최종 목적지라면 그 땅에는 저주가 사라지고 넘치는 복만이 있어야 할 것입니다. 그러나 정작 가나안 땅은 그렇지를 못하였습니다. 복과 저주가 아울러 선포된 곳입니다.

모세가 그 날 백성에게 명령하여 이르되

너희가 요단을 건넌 후에 시므온과 레위와 유다와 잇사갈과 요셉과 베냐민은 백성을 축복하기 위하여 그리심 산에 서고

르우벤과 갓과 아셀과 스불론과 단과 납달리는 저주하기 위하여 에발 산에 서고

레위 사람은 큰 소리로 이스라엘 모든 사람에게 말하여 이르기를

장색의 손으로 조각하였거나 부어 만든 우상은 여호와께 가증하니

그것을 만들어 은밀히 세우는 자는 저주를 받을 것이라 할 것이요

모든 백성은 응답하여 말하되 아멘 할지니라

(신명기 27:11-15)

호렙산에 올라 여호와 하나님으로부터 십계명을 받아들고 내려 온 모세는 이스라엘 백성들을 모아 놓고, 여호와의 명령과 규례와 법도를 가르칩니다. 후에 12지파를 둘로 나누어 한 편은 그리심산에 오르게 하여 축복을 선포하게 하고, 한 편은 에발산에 오르게 하여 저주를 선포하게 합니다. 이같이 가나안 땅에서의 삶은 복과 저주가 아울러 있는 곳입니다. 그러기에 가나안은 하나님께서 택하신 이스라엘을 이끄시는 최종 목적지는 결코 아닙니다.

셋째 : 가나안은 전쟁터이며, 평화와 안정이 약속된 곳이 아니다.

이스라엘 백성들은 가나안에 들어가 살기 위하여서는 이미 가나안에 터잡고 살고 있는 가나안의 일곱족속을 멸하기 위한 전쟁을 치루어야 하였습니다. 그 후에도 이스라엘은 그들과의 끊없는 분쟁으로 고통을 당하였습니다. 뿐만이 아니라 이웃 나라의 침략으로 수없는 고통을 당하였으며, 독생자 예수님이 육신을 입고 이 땅에 오시어 거니실 때만하여도 로마의 속국이 되어 해마다 조공을 바치고, 세금을 탈취당하며 살아왔고, 실제로 현재까지도 전쟁의 소용돌이에 고통을 당하고 있는 것입니다. 이러한 곳이 좋으신 하나님이 당신의 백성들을 이끄시는 최종 목적지가 될 수 없는 것입니다.

하나님은 자기 백성의 평화와 안정을 원하십니다. 평안과 안식, 이것은 하나님께서 당신의 백성을 인도하시는 중요한 목적 중의 하나이다. 그러기에 하나님께서 친히 자기 백성이라 칭하신 이스라엘 백성들이 편안하기를 바라시며, 안식을 누리기를 원하십니다.

가나안 땅은 이스라엘에게 평안과 안식을 제공하는 땅이 아니다. 다음의 말씀이 이를 입증하는 것입니다.

> 만일 여호수아가 그들에게 안식을 주었더라면
> 그 후에 다른 날을 말씀하지 아니하셨으리라
> 그런즉 안식할 때가 하나님의 백성에게 남아 있도다
> 이미 그의 안식에 들어간 자는 하나님이 자기의 일을
> 쉬심과 같이 자기의 일을 쉬느니라
> 그러므로 우리가 저 안식에 들어가기를 힘쓸지니 이는
> 누구든지 저 순종하지 아니하는 본에 빠지지 않게 하려
> 함이라
>
> (히브리서 4:8-11)

이 말씀에서 우리가 깨닫는 것은 가나안 땅으로 이스라엘 백성을 이끌고 입성한 여호수아는 이스라엘 백성들에게 안식을

주지 못하였다는 것입니다. 다시 말하면 이스라엘 백성들이 가나안 땅에서 안식을 얻지를 못하였다는 것이다.

이 사실은 가나안 땅은 하나님이 이스라엘을 인도하는 최종 목적지가 아니라는 반증이기도 합니다.

넷째 : 가나안 땅은 흑암으로 그늘진 땅이요, 사망의 땅입니다.

전에 고통 받던 자들에게는 흑암이 없으리로다 옛적에는
여호와께서 스불론 땅과 납달리 땅이 멸시를 당하게
하셨더니 후에는 해변 길과 요단 저쪽 이방의 갈릴리를
영화롭게 하셨느니라
흑암에 행하던 백성이 큰 빛을 보고 사망의 그늘진 땅에
거주하던 자에게 빛이 비치도다
주께서 이 나라를 창성하게 하시며 그 즐거움을 더하게
하셨으므로 추수하는 즐거움과 탈취물을 나눌 때의
즐거움 같이 그들이 주 앞에서 즐거워하오니
이는 그들이 무겁게 멘 멍에와 그들의 어깨의 채찍과
그 압제자의 막대기를 꺾으시되 미디안의 날과 같이
하셨음이니이다

어지러이 싸우는 군인들의 신과 피 묻은 겉옷이 불에
섶 같이 살라지리니

이는 한 아기가 우리에게 났고 한 아들을 우리에게 주신
바 되었는데 그의 어깨에는 정사를 메었고 그의 이름은
기묘자라, 모사라, 전능하신 하나님이라, 영존하시는
아버지라, 평강의 왕이라 할 것임이라

그 정사와 평강의 더함이 무궁하며 또 다윗의 왕좌와
그의 나라를 굳게 세우고 지금 이후로 영원히 정의와
공의로 그것을 보존하실 것이라 만군의 여호와의 열심이
이를 이루시리라

(이사야 9:1-7)

이사야 선지자를 통하여 예언되어진 가나안 땅은 흑암으로
이스라엘 백성들에게 고통을 주는 땅이었으며, 주변 나라들
에게서 멸시와 천대를 당하고, 더하여 가나안에서의 삶은 '무겁게
멘 멍에와 채찍과 압제자의 막대기'로 고통받는 삶을 살아야만
하였습니다. 가나안의 삶은 이스라엘 백성들에게 평안과 안녕
과는 거리가 먼 삶이었습니다.

이울러 결정적으로 가나안 땅은 사망의 땅이라 하였습니다.
실제로 그 곳은 아브라함과 이삭과 야곱과 그리고 요셉에 이르
기까지 매장지였던 것입니다. 성경은 이 사실을 중요하게 다루고

있는 것입니다. 이스라엘이라 불리운 야곱은 그의 죽음의 순간에 자녀들에게 부탁하여 이르기를 '나를 애굽에 장사하지 말고 가나안 땅 마므레 앞 막벨라 밭에 있는 조상들의 매장지에 자신의 시신을 매장하여 줄 것은 명한 후에 숨을 거둔 것입니다. 요셉 역시 죽음이 임박하여서 그의 형제들에게 부탁하여 이르기를 자신의 해골을 애굽에 묻지 말고 가나안 땅 조상들의 묘지에 매장하여 줄 것을 요구하였던 것입니다.

그(야곱)가 그들(이스라엘 12지파)에게 명하여 이르되
내가 내 조상들에게로 돌아가리니 나를 헷 사람 에브론의
밭에 있는 굴에 우리 선조와 함께 장사하라
이 굴은 가나안 땅 마므레 앞 막벨라 밭에 있는 것이라
아브라함이 헷 사람 에브론에게서 밭과 함께 사서 그의
매장지를 삼았으므로
아브라함과 그의 아내 사라가 거기 장사되었고 이삭과
그의 아내 리브가도 거기 장사되었으며 나도 레아를
그 곳에 장사하였노라
이 밭과 거기 있는 굴은 헷 사람에게서 산 것이니라
야곱이 아들에게 명하기를 마치고 그 발을 침상에 모으고
숨을 거두니 그의 백성에게로 돌아갔더라

(창세기 49:29-33)

이같이 가나안 땅은 죽어서라도 메시야를 기다려야만 하는 택하신 자들의 매장지로서, 사망의 땅이었습니다.

결론적으로 그러므로 하나님께서 이스라엘 백성들, 즉 야곱과 그의 자녀와 후손들에게 주시고자 하시는 땅은 가나안이 아닙니다. 가나안 땅은 차선의 선택지인 것입니다. 택함을 입은 백성, 선민 이스라엘을 위하여 예비하신 땅은 가나안이 아닌 에덴동산, 즉 낙원이었습니다. 낙원이야말로 하나님께서 선민 이스라엘 백성들을 이끄시는 최종 목적지였던 것입니다.

가나안으로 이끄시는 하나님

가나안 땅이 이같음에도 불구하고 하나님께서 이스라엘 백성들에게 가나안 땅을 가르쳐 젖과 꿀이 흐르는 땅이라고 까지 꼬드기며, 그들을 가나안 땅으로 이끄신 이유는 무엇일까요?

목이 곧고 완악한 이스라엘 백성

여호와께서 또 내게 말씀하여 이르시되 내가 이 백성을
보았노라
보라 이는 목이 곧은 백성이니라

(신명기 9:13)

너희를 젖과 꿀이 흐르는 땅에 이르게 하려니와

나는 너희와 함께 올라가지 아니하리니

너희는 목이 곧은 백성인즉

내가 길에서 너희를 진멸할까 염려함이니라 하시니

(출애굽기 33:3)

그러므로 네가 알 것은 네 하나님 여호와께서 네게

이 아름다운 땅을 기업으로 주신 것이 네 공의로

말미암음이 아니니라 너는 목이 곧은 백성이니라

(신명기 9:6)

목이 곧고 완악한 이스라엘 백성들을 멸하지 아니하시고, 끝까지 인자와 긍휼하심을 더하시어, 젖과 꿀이 흐르는 땅이라 하여 굳이 가나안 땅으로 이끄신 이유는 무엇 때문일까요?

이유는 바로 이것입니다.

바로 그 곳, 구세주, 메시야의 탄생이 예고된 땅이기에 그렇습니다. 메시야가 오시어 하나님의 백성인 이스라엘을, 믿음의 양무리들을 낙원으로 인도하실 것이기 때문입니다.

메시야 탄생의 예고

이는 한 아기가 우리에게 났고 한 아들을 우리에게 주신
바 되었는데 그의 어깨에는 정사를 메었고 그의 이름은
기묘자라, 모사라, 전능하신 하나님이라, 영존하시는
아버지라, 평강의 왕이라 할 것임이라
그 정사와 평강의 더함이 무궁하며 또 다윗의 왕좌와
그의 나라를 굳게 세우고 지금 이후로 영원히 정의와
공의로 그것을 보존하실 것이라
만군의 여호와의 열심이 이를 이루시리라

(이사야 9:1-7)

상기의 말씀은 이사야 선지자를 통하여 메시야 탄생과 그의
나라에 대한 예언인 것입니다.

아기 예수로 오실 구세주, 메시야에 대하여, 그리고 그가
오시어 세우실 나라에 대한 묘사들로 주의 백성에게 주시는
소망의 말씀입니다.

예수가 계시는 곳, 낙원

메시야가 세우시는 나라는 어디일까요? 한 아기로서 이 땅에 오신 예수는 구원자로, 메시야로 이 땅에 오셨던 것입니다. 구세주로, 메시야로 이 땅에 오신 예수님은 친히 증거하시기를 "나는 선한 목자라."하시었고, 양들을 인도하기 위하여 이 땅에 오셨다 하셨습니다. 또한 이르시기를

"나 있는 곳에 그들로 함께 하겠다."하셨습니다.

너희는 마음에 근심하지 말라 하나님을 믿으니 또 나를 믿으라
내 아버지 집에 거할 곳이 많도다 그렇지 않으면 너희에게 일렀으리라
내가 너희를 위하여 거처를 예비하러 가노니
가서 너희를 위하여 거처를 예비하면 내가 다시 와서
너희를 내게로 영접하여 나 있는 곳에 너희도 있게 하리라

(요한복음 14:1-3)

내 아버지집에 거할 곳이 많다 하였습니다. 우리를 위하여 처소를 예비하러 가겠노라 하였습니다.

처소를 예비하고 다시 와서 너희를 그 처소로 영접하겠노라 하였습니다. 나 있는 곳에 너희도 있게 하리라 하셨습니다.

예수님은 십자가 상에서 당신의 나라를 구하는 강도에게 이렇게 말씀을 하셨습니다.

"오늘 네가 나와 함께 낙원에 있으리라."

나 있는 곳에 너희도 함께 있게 하리라 약속하신 예수님은 나 있는 곳, 낙원으로 함께 가자고 하신 것입니다.

보세요!
그렇다면 처소를 예비하는 곳은 어디인가요? 그 처소는 장차 있을 백보좌 심판 후에 임하실 새 하늘과 새 땅의 처소는 아닐 것입니다.

그렇다면 어디를 말하는 것일까요?

여기 갈보리 산상 십자가 위에서 옆에 메달린 강도에게 한 말씀 속에서 우리는 그 해답을 찾을 수 있을 것입니다.

달린 행악자 중 하나는 비방하여 이르되 네가 그리스도가
아니냐
너와 우리를 구원하라 하되

하나는 그 사람을 꾸짖어 이르되 네가 동일한 정죄를
받고서도 하나님을 두려워하지 아니하느냐
우리는 우리가 행한 일에 상당한 보응을 받는 것이니
이에 당연하거니와 이 사람이 행한 것은 옳지 않은 것이
없느니라 하고
이르되 예수여 당신의 나라에 임하실 때에 나를
거억하소서 하니
예수께서 이르시되 내가 진실로 네게 이르노니
오늘 네가 나와 함께 낙원에 있으리라 하시니라

(누가복음 23:39-43)

상기의 말씀을 공동번역에서 다시 보겠습니다.(공동번역)

예수와 함께 십자가에 달린 죄수 중 하나도 예수를
모욕하면서
"당신은 그리스도가 아니오? 당신도 살리고 우리도
살려보시오!" 하고 말하였다
그러나 다른 죄수는
"너도 저분과 같은 사형 선고를 받은 주제에 하느님이

두렵지도 않으냐? 우리가 한 짓을 보아서 우리는 이런 벌을 받아 마땅하지만 저분이야 무슨 잘못이 있단 말이냐?" 하고 꾸짖고는

"예수님, 예수님께서 왕이 되어 오실 때에 저를 꼭 기억하여 주십시오." 하고 간청하였다.

예수께서는 "오늘 네가 정녕 나와 함께 낙원에 들어갈 것이다." 하고 대답하셨다.

"당신의 나라에 임하실 때에 나를 기억소서."하고 간청하는 강도를 향하여 예수는 이르시기를 "오늘 네가 나와 함께 낙원에 있으리라."하셨습니다.

여기서 우리가 분명히 알아야 하는 것은 예수께서 주님의 나라, 당신의 나라가 '낙원'임을 분명하게 밝히셨다는 사실입니다.

그렇습니다.

예수님은 이스라엘을, 믿음으로 구원받은 자들을 주님의 나라, 즉 낙원으로 이끄시고자 이 땅에 오신 것입니다.

그렇다면 자명합니다.

하나님께서 이스라엘을 이끄시는 곳은 가나안 땅이 아닌, 낙원이었다는 사실이 명확하여지는 것입니다.

제7장

낙원을 훔친 강도

인류의 최대의 소망은 낙원을 찾아, 낙원에 들어가, 낙원에 사는 것입니다. 낙원에 대한 꿈은 그 무엇과도 바꿀 수 없는 유일무이한 것이라 하여도 과언이 아닐 것입니다.

"낙원을 취할 수만 있다면, 나는 더이상 바랄 것이 없을 것입니다."

"낙원에 들어갈 수만 있다면 나는 무슨 일이라도 할 거야."

모든 사람의 입에서 들을 수 있는 고백일 것입니다.

성경에서는 낙원에 대한 인간의 소망을 다음과 같이 표현하고 있습니다.

천국은 마치 밭에 감추인 보화와 같으니
사람이 이를 발견한 후 숨겨 두고 기뻐하며 돌아가서
자기의 소유를 다 팔아 그 밭을 사느니라
또 천국은 마치 좋은 진주를 구하는 장사와 같으니
극히 값진 진주 하나를 발견하매 가서
자기의 소유를 다 팔아 그 진주를 사느니라

(마태복음 13:44-46)

여기서 예수께서 말씀하시는 천국은 무엇을 가리키고 있을까요? 여기서 말하는 천국은 주님의 나라요, 낙원을 말하는 것입니다. 낙원은 감추인 보화요 진주와 같습니다. 이를 구하기 위하여 자신이 소유한 모든 것을 드려 이를 구하는 것입니다.

보세요!
감추인 보화를 사고, 극히 값진 진주를 캐낸 사람이 있습니다. 모든 사람들이 꿈에도 그리는 보화요, 값진 진주에 비유된 낙원을 소유한 사람이 있습니다. 그는 다름 아닌 십자가 형틀에서 죽어가는 강도였습니다.

달린 행악자 중 하나는 비방하여 이르되 네가 그리스도가 아니냐

너와 우리를 구원하라 하되 하나는 그 사람을 꾸짖어 이르되

네가 동일한 정죄를 받고서도 하나님을 두려워하지

아니하느냐

우리는 우리가 행한 일에 상당한 보응을 받는 것이니

이에 당연하거니와

이 사람이 행한 것은 옳지 않은 것이 없느니라 하고

이르되 예수여 당신의 나라에 임하실 때에

나를 기억하소서 하니

예수께서 이르시되 내가 진실로 네게 이르노니

오늘 네가 나와 함께 낙원에 있으리라 하시니라

(누가복음 23:39-43)

갈보리 산상에 십자가에 메어 달려 있는 예수를 향하여, 한 강도가 자신도 십자가 형틀에 메달려 죽어가면서 이렇게 간구합니다.

"예수여! 당신의 나라에 임하실 때에 나를 기억하소서."

형틀에 메달려 죽어가며 부르짖는 강도의 간구에 예수는 이렇게 대답합니다.

"내가 진실로 네게 이르노니
오늘 네가 나와 함께 낙원에 있으리라."

천국을 가르치시며, 자기에게 속한 모든 소유를 팔아서라도, 감추인 보화, 값진 진주를 사야만 한다고 교훈하신 예수는 강도의 값없이 구하는 요구에 보화와 진주를 선뜻 내어줍니다.

강도는 이렇게 낙원을 훔쳤습니다.

이 사람은 지혜로운 장사치가 아닙니다. 재물이 풍성하지도 않습니다. 이웃에게 선을 행하여 이웃에게 인정을 받으며 칭찬을 듣는 사람이 아닙니다. 사회적으로 인정받는 저명한 인사도 아닙니다. 내노라 하는 학자도 아니며, 당시 유대 사회에 이름 있는 율법사도 아닙니다. 종교적으로 유명세를 떨치는 사람도 아닙니다. 정치적으로 큰 권력을 붙잡은 사람도 아닙니다. 군인으로서 국가를 위하여 혁혁한 공로를 세운 장군도 아닙니다.

그 사람은 강도로서 평생을 남의 것을 도적질하거나 훔치는 강도이며, 타인의 것을 자기의 것으로 삼기 위하여 갖은 악을 행하였고, 한 끼의 식사를 위하여 심지어는 살인도 서슴치 않았던 자였습니다.

그 사람은 일생에 악을 행하여, 훔치고 빼앗고 살인하다가, 결국 잡혀 극악 무도한 악인을 처단하는 십자가 형틀에 메달려 죽어가는 처참한 강도였습니다.

그런데 도데체 무엇이 예수로 하여금 죽어가는 강도에게 굳게 닫힌 낙원의 문을 활짝 열게 하였을까요? 예수는 강도에게서 무엇을 보았을까요?

예수께서 강도에게서 본 것은
오직 한 가지 강도가 소유하고 있는 '당신을 향한 믿음'을
보았습니다.

그렇습니다.
오직 믿음만이 강도가 예수께 보여 줄 수 있는 유일한 것이었습니다.

십자가에 메어달려 죽어가는 강도가 할 수 있는 것은 아무것도 없었습니다. 예수를 위하여 할 수 있는 것은 전무하였습니다. 그가 예수께 보여줄 수 있는 것은 '나는 당신을 믿나이다.' 하는 믿음의 고백뿐이었습니다. 그러나 놀랍게도 낙원의 문을 열기에 그것으로 족하였던 것입니다.

사람이 마음으로 믿어 의에 이르고

입으로 시인하여 구원에 이르느니라

(로마서 10:10)

예수께서는 강도에게서 '믿음'을 보았으며, 그의 입술의 고백으로 인하여 옳다 인정을 하신 것입니다.

강도에게서 믿음을 본 예수께서는 즉시 이르시기를 "오늘 네가 정녕 나와 함께 낙원에 들어갈 것이다."하고 강도의 소원을 들어 주었습니다.

하나님의 나라는 믿음의 세계입니다.

다음의 말씀들이 우리에게 알리는 것은 하나님의 나라는 믿음의 세계임을 확실하게 증거하고 있는 것입니다.

믿음은 바라는 것들의 실상이요 보지 못하는 것들의 증거니

선진들이 이로써 증거를 얻었으니라

믿음으로 모든 세계가 하나님의 말씀으로 지어진 줄을 우리가 아나니

보이는 것은 나타난 것으로 말미암아 된 것이 아니니라

믿음으로 아벨은 가인보다 더 나은 제사를 하나님께
드림으로 의로운 자라

하시는 증거를 얻었으니 하나님이 그 예물에 대하여
증언하심이라

그가 죽었으나 그 믿음으로써 지금도 말하느니라

믿음으로 에녹은 죽음을 보지 않고 옮겨졌으니 하나님이
그를 옮기심으로

다시 보이지 아니하였느니라 그는 옮겨지기 전에 하나님을
기쁘시게 하는

자라 하는 증거를 받았느니라

믿음이 없이는 하나님을 기쁘시게 하지 못하나니

하나님께 나아가는 자는

반드시 그가 계신 것과 또한 그가 자기를 찾는 자들에게
상 주시는 이심을

믿어야 할지니라

(히브리서 11:1-6)

이제는 율법 외에 하나님의 한 의가 나타났으니

율법과 선지자들에게 증거를 받은 것이라

곧 <u>예수 그리스도를 믿음으로 말미암아 모든 믿는 자에게</u>

<u>미치는 하나님의 의니 차별이 없느니라</u>

모든 사람이 죄를 범하였으매 하나님의 영광에 이르지

못하더니

그리스도 예수 안에 있는 속량으로 말미암아

하나님의 은혜로 값없이 의롭다 하심을 얻은 자

되었느니라

(로마서 3:21-24)

너희는 그 은혜에 의하여 믿음으로 말미암아 구원을

받았으니

이것은 너희에게서 난 것이 아니요 하나님의 선물이라

행위에서 난 것이 아니니 이는 누구든지 자랑하지 못하게

함이라

(에베소서 2:8-9)

하나님의 자녀 됨, 즉 구원이란 오직 믿음으로만 받을 수 있는 것입니다. 여기서 구원이란 하나님으로부터 의롭다하심을 받는 것입니다. 이러한 의롭다 하심이 오직 믿음으로 받는 것이며, 이것이 바로 하나님의 선물입니다. 구원이 어떠한 행위로 난 것이 아님은 아무도 자신의 행위를 자랑을 하지 못하도록 하기 위함이라 하셨습니다.

이어서 다음의 말씀을 보겠습니다.

복음에는 하나님의 의가 나타나서 믿음으로 믿음에
이르게 하나니
기록된 바 오직 의인은 믿음으로 말미암아 살리라 함과
같으니라

(로마서 1:17)

사람이 의롭게 되는 것은 율법의 행위로 말미암음이
아니요
오직 예수 그리스도를 믿음으로 말미암는 줄 알므로
우리도 그리스도 예수를 믿나니 이는 우리가 율법의
행위로써가 아니고 그리스도를 믿음으로써 의롭다 함을

얻으려 함이라 율법의 행위로써는 의롭다 함을 얻을
육체가 없느니라

(갈라디아서 2:16)

이상과 같이 우리의 <u>구원은 오직 믿음으로만 이루어지는 것이</u>
<u>확실</u>합니다.

본 저자는 하나님의 구원은 오직 예수 그리스도의 십자가에서
흘리신 보혈의 공로와 그를 죽은 자 가운데서 살리신 하나님의
부활의 능력을 믿는 믿음으로만 얻는 것이라 믿습니다.

강도가 소유하였던 믿음의 내용은 무엇인가?

이제 우리는 아무 공로없이 낙원에 들어갈 수 있었던 한
강도의 믿음에 대하여 살펴 보고자 합니다. 십자가에 메달려
죽어가는 강도는 어떻게 낙원을 훔칠 수 있었을까요? 그가 가진
믿음의 내용이 무엇이기에 예수는 선 듯 낙원의 문을 열고 그를
영접하였을까요?

갈보리 산상에서 벌어진 일

또 다른 두 행악자도 사형을 받게 되어 예수와 함께
끌려 가니라

해골이라 하는 곳에 이르러 거기서 예수를 십자가에 못 박고 두 행악자도

그렇게 하니 하나는 우편에, 하나는 좌편에 있더라

이에 예수께서 이르시되 아버지 저들을 사하여 주옵소서 자기들이 하는 것을 알지 못함이니이다 하시더라 그들이 그의 옷을 나눠 제비 뽑을새

백성은 서서 구경하는데 관리들은 비웃어 이르되 저가 남을 구원하였으니

만일 하나님이 택하신 자 그리스도이면 자신도 구원할지어다 하고

군인들도 희롱하면서 나아와 신 포도주를 주며

이르되 네가 만일 유대인의 왕이면 네가 너를 구원하라 하더라

그의 위에 이는 유대인의 왕이라 쓴 패가 있더라

달린 행악자 중 하나는 비방하여 이르되 네가 그리스도가 아니냐 너와 우리를 구원하라 하되

하나는 그 사람을 꾸짖어 이르되 네가 동일한 정죄를 받고서도 하나님을 두려워하지 아니하느냐

우리는 우리가 행한 일에 상당한 보응을 받는 것이니 이에 당연하거니와 이 사람이 행한 것은 옳지 않은 것이 없느니라 하고

이르되 예수여 당신의 나라에 임하실 때에 나를

거억하소서 하니

예수께서 이르시되 내가 진실로 네게 이르노니 오늘

네가 나와 함께 낙원에 있으리라 하시니라

(누가복음 23:32-43)

강도가 소유한 믿음의 내용은 무엇일까?

강도는 어떤 믿음을 소유하였기에 예수로 하여금 선 듯 낙원의 문을 열게 하였을까요?

첫째 : 하나님을 두려워하는 믿음

하나님을 두려워하는 믿음을 소유한다는 것은 참으로 중요합니다. 만일 우리가 천지와 만물을 만드신 창조주 하나님에 대하여 두려워하는 마음을 가지지 못하면, 하나님에 대하여 가벼이 여기기 마음을 가지기 쉽기 때문입니다.

몸은 죽여도 영혼은 능히 죽이지 못하는 자들을

두려워하지 말고

오직 몸과 영혼을 능히 지옥에 멸하실수 있는 이를

두려워하라

(마태복음 10:28)

마땅히 두려워할 자를 내가 너희에게 보이리니 곧 죽인 후에

또한 지옥에 던져 넣는 권세 있는 그를 두려워하라

내가 참으로 너희에게 이르노니 그를 두려워하라

(누가복음 12:5)

그런즉 사랑하는 자들아 이 약속을 가진 우리는

하나님을 두려워하는 가운데서 거룩함을 온전히 이루어

육과 영의 온갖 더러운 것에서 자신을 깨끗하게 하자

(고린도 후서 7:1)

하나님을 두려워하지 않고 가볍게 여기는 자는 하나님의 이름을 망령되이 부르거나, 함부로 하나님의 거룩한 이름을 훼방하는 일까지 발생하는 것이다. 하나님을 망령되이 부른다 함은 여호와 하나님을 부를 때에, 믿음을 담지 않고 부르는 것, 신뢰하는 마음을 담지 않고 부르는 것, 경외심을 담지 않고 부르는 것, 등을 말할 것입니다. 하나님의 이름을 부르는 자는 반드시 마음을 담고, 믿음을 실어 그 이름을 불러야 합니다.

너는 네 하나님 여호와의 이름을 망령되게 부르지 말라

여호와는 그의 이름을 망령되게 부르는 자를 죄 없다

하지 아니하리라

(출애굽기 20:7)

하나님을 믿고 섬기는 신앙인의 자세는 '마음을 다하고, 목숨을 다하고, 뜻을 다하고, 성품을 다하고, 힘을 다하여' 하나님을 사랑하는 것입니다. 하나님은 우리가 두려움 을 가지고 경외함으로 섬겨야할 분이십니다.

서기관 중 한 사람이 그들이 변론하는 것을 듣고
예수께서 잘 대답하신 줄을 알고 나아와 묻되
모든 계명 중에 첫째가 무엇이니이까
예수께서 대답하시되 첫째는 이것이니 이스라엘아
들으라
주 곧 우리 하나님은 유일한 주시라
네 마음을 다하고 목숨을 다하고 뜻을 다하고 힘을 다하여
주 너의 하나님을 사랑하라 하신 것이요
둘째는 이것이니 네 이웃을 네 자신과 같이 사랑하라
하신 것이라
이보다 더 큰 계명이 없느니라

(마가복음 12:28-31)

둘째 : 자신은 죽어 마땅한 죄인임을 고백하는 믿음

십자가에 메달려 죽어 가면서, 자신의 죄를 인정하고 당연히
받아야할 형벌임을 고백하였습니다.

모든 사람이 죄를 범하였으매 하나님의 영광에 이르지
못하더니....

(로마서 3:23)

만일 우리가 죄가 없다고 말하면 스스로 속이고
또 진리가 우리 속에 있지 아니할 것이요
만일 우리가 우리 죄를 자백하면 그는 미쁘시고 의로우사
우리 죄를 사하시며 우리를 모든 불의에서 깨끗하게
하실 것이요
만일 우리가 범죄하지 아니하였다 하면 하나님을
거짓말하는 이로 만드는 것이니
또한 그의 말씀이 우리 속에 있지 아니하니라

(요한 일서 1:8-10)

예수는 죄인을 불러 구원하시고자 세상에 임하시었다 하였
습니다.

바리새인의 서기관들이 예수께서 죄인 및 세리들과 함께
잡수시는 것을 보고 그의 제자들에게 이르되 어찌하여
세리 및 죄인들과 함께 먹는가
예수께서 들으시고 그들에게 이르시되 건강한 자에게는
의사가 쓸 데 없고 병든 자에게라야 쓸 데 있느니라
나는 의인을 부르러 온 것이 아니요 죄인을 부르러 왔노라
하시니라

(마가복음 2:16-17)

당신이 율법으로 의인됨을 자랑한다면, 당신은 건강하여
의원이 쓸데 없는 자이며, 예수님은 자신의 의를 내세우는 자,
자신이 스스로 의인 됨을 내세우는 자를 부르러 온 것이 아니요,
죄인을 부르러 오셨다 하였습니다.

셋째 : 예수의 무죄함을 믿고 십자가의 피흘림이 대속의 피
흘림인 것을 믿는 믿음

우리는 우리가 행한 일에 상당한 보응을 받는 것이니
이에 당연하거니와 이 사람이 행한 것은
옳지 않은 것이 없느니라 하고...   (누가복음 23:41)

강도의 한 말의 의미는 예수의 죽음은 자신의 죄로 인하여 죽는 죽음이 아니며, 하나님의 나라로 모든 사람을 인도하시기 위한 죽음임을 말하며, '당신의 나라에 들어갈 때에 나를 기억하여 달라.'고 간구하는 믿음을 소유하였던 것입니다.

그리스도께서 하나님 곧 우리 아버지의 뜻을 따라
이 악한 세대에서 우리를 건지시려고
우리 죄를 대속하기 위하여 자기 몸을 주셨으니.....

(갈라디아서 1:4)

인자가 온 것은 섬김을 받으려 함이 아니라
도리어 섬기려 하고 자기 목숨을 많은 사람의 대속물로
주려 함이니라

(마태복음 20:28)

하나님은 한 분이시오 또 하나님과 사람 사이에
중보자도 한 분이시니 곧 사람이신 그리스도 예수라
그가 모든 사람을 위하여 자기를 대속물로 주셨으니
기약이 이르러 주신 증거니라

(디모데전서 2:5-6)

<u>넷째 : 부활을 믿었고, 영생을 믿고, 내세를 믿는 믿음</u>

'예수여 당신의 나라에 임할 때, 나를 기억하소서.'하고 간구하는 강도의 간청 속에는 몸의 부활과 영생의 소망과 내세에 대한 믿음이 담겨 있는 것입니다.

참 믿음, 부활의 소망
그리스도께서 죽은 자 가운데서 다시 살아나셨다
전파되었거늘
너희 중에서 어떤 사람들은 어찌하여 죽은 자 가운데서
부활이 없다 하느냐
만일 죽은 자의 부활이 없으면 그리스도도 다시 살아나지
못하셨으리라
그리스도께서 만일 다시 살아나지 못하셨으면 우리가
전파하는 것도 헛것이요 또 너희 믿음도 헛것이며
또 우리가 하나님의 거짓 증인으로 발견되리니
우리가 하나님이 그리스도를 다시 살리셨다고
증언하였음이라
만일 죽은 자가 다시 살아나는 일이 없으면
하나님이 그리스도를 다시 살리지 아니하셨으리라

만일 죽은 자가 다시 살아나는 일이 없으면
그리스도도 다시 살아나신 일이 없었을 터이요
그리스도께서 다시 살아나신 일이 없으면 너희의 믿음도
헛되고 너희가 여전히 죄 가운데 있을 것이요
또한 그리스도 안에서 잠자는 자도 망하였으리니
만일 그리스도 안에서 우리의 바라는 것이 다만 이 세상의
삶뿐이면 모든 사람 가운데 우리가 더욱 불쌍한 자이리라
그러나 이제 그리스도께서 죽은 자 가운데서 다시
살아나사 잠자는 자들의 첫 열매가 되셨도다

(고린도전서 15:12-20)

다섯째 : 하나님의 나라와 의를 구하는 믿음

오늘 있다가 내일 아궁이에 던져지는 들풀도 하나님이
이렇게 입히시거든 하물며 너희일까보냐 믿음이 작은
자들아
그러므로 염려하여 이르기를 무엇을 먹을까 무엇을
마실까 무엇을 입을까 하지 말라
이는 다 이방인들이 구하는 것이라 너희 하늘 아버지께서

이 모든 것이 너희에게 있어야 할 줄을 아시느니라

너희는 먼저 그의 나라와 그의 의를 구하라 그리하면

이 모든 것을 너희에게 더하시리라

(마태복음 6:30-33)

하나님 나라에 합당한 자의 삶이란 '무엇을 먹을까 무엇을 마실까 무엇을 입을까'에 대한 염려와 걱정으로 간구하는 삶에 앞서, 먼저 하나님의 나라를 추구하고, 하나님의 의를 먼저 생각하는 삶, 그리고 이를 얻기 위하여 마음과 생각과 뜻을 다하는 삶을 말합니다.

믿음으로 낙원을 훔친 한 강도가 예수에게 간구한 말을 들어봅시다. "이르되 예수여 당신의 나라에 임하실 때에 나를 기억하소서 하니……"

강도는 하나님의 나라를 구하였고, 하나님의 의를 구하는 믿음을 소유하였습니다. 그는 하나님의 나라에 들어가기를 간구하면서, 동시에 '나를 기억하소서.'하고 간구하여 하나님의 의를 구하였던 것입니다.

강도가 구한 하나님의 의는 예수 그리스도를 믿는 믿음으로 인하여 주어지는 하나님의 의를 구하였고, 이는 모든 믿는 자에게 차별이 없이 주어지는 하나님의 의입니다.

하나님이 죄를 알지도 못하신 이를 우리를 대신하여
죄로 삼으신 것은 우리로 하여금 그 안에서 하나님의
의가 되게 하려 하심이라

(고린도 후서 5:21)

복음에는 하나님의 의가 나타나서 믿음으로 믿음에
이르게 하나니
기록된 바 오직 의인은 믿음으로 말미암아 살리라 함과
같으니라

(로마서 1:17)

그러므로 율법의 행위로 그의 앞에 의롭다 하심을 얻을
육체가 없나니 율법으로는 죄를 깨달음이니라
이제는 율법 외에 하나님의 한 의가 나타났으니 율법과
선지자들에게 증거를 받은 것이라
곧 예수 그리스도를 믿음으로 말미암아 모든 믿는 자에게
미치는 하나님의 의니 차별이 없느니라

(로마서 3:20-22)

강도가 마지막 죽어가면서 '나를 기억하여 달라'고 은혜를 구하는 의미는 나에게는 의로움이 없사오니 나의 의가 아닌 하나님의 의로 나를 의롭다 하소서 하고 구하는 것을 말합니다. 그의 믿음은 하나님의 나라를 구할 뿐만 아니라, 하나님의 의를 구하는 믿음이었습니다.

여섯째 : 하나님의 은혜와 자비를 구하는 믿음

창조주 하나님의 능력으로 지음을 받은 인생은 하나님의 뜻과 섭리, 계획 안에서 살아가는 것입니다. 왜냐하면 세상의 모든 만물이 창조주 하나님으로부터 나오고 창조주 하나님으로 말미암아 운영되며 결국 창조주 하나님에게로 돌아가기 때문입니다.

하나님의 은혜와 자비를 구하는 믿음이란 하나님의 도우심 없이는 살 수 없다는 믿음의 고백이며, 주의 인도하심을 구하는 믿음입니다.

그러므로 인생은 창조주 하나님의 은혜로 사는 삶임을 기억하고 하나님의 도우심을 간구하는 삶을 살아야 합니다.

구하라 그리하면 너희에게 주실 것이요 찾으라 그리하면
찾아낼 것이요
문을 두드리라 그리하면 너희에게 열릴 것이니
구하는 이마다 받을 것이요 찾는 이는 찾아낼 것이요
두드리는 이에게는 열릴 것이니라

(마태복음 7:7-8)

강도는 죽어가면서 입을 열어 하나님의 나라를 구하고, 하나님의 의를 간구함으로 믿음으로서 하나님 앞에 의롭다하심을 얻었으며, 예수 그리스도로 하여금 "오늘 네가 나와 함께 낙원에 들어가리라."하는 응답을 받았습니다.

'오직 믿음으로'

강도는 예수님과 함께 하는 낙원의 사람이 되었습니다.

제8장

낙원에 울려 퍼진 강도의 찬양과 고백

♬ 나 같은 죄인 살리신 주 은혜 놀라워
잃었던 생명 찾았고 광명을 얻었네

큰 죄악에서 건지신 주 은혜 고마워
나 처음 믿은 그 시간 귀하고 귀하다

이제껏 내가 산 것도 주님의 은혜라
또 나를 장차 본향에 인도해 주시리

거기서 우리 영원히 주님의 은혜로
해처럼 밝게 살면서 주 찬양 하리라 ♬

♬ 구원하심이 보좌에 앉으신 우리 하나님과 어린양께 있도다
구원하심이 보좌에 앉으신 우리 하나님과 어린양께 있도다 ♬

낙원에 울려 퍼지는 강도의 구원하심에 대한 찬양 소리는 모든 이의 심금을 울렸습니다.

강도는 구원의 감격으로 찬양하며, 눈물로 목이 메어 이렇게 외칩니다.

'율법적 의로운 행위가 구원의 조건이라면
나 같은 강도가 어찌 구원을 얻으리요
그러나 골고다 십자가의 보혈이 나를 구원하였으니
주님을 찬양합니다. 주님을 찬양합니다.'

오로지 믿음으로 구원을 받아, 주님과 함께 낙원에 거하여 있는 강도를 생각하며 구원론에 관하여 생각해 보고자 합니다.

참으로 오랜 세월 구원론에 대하여 학자들 사이에 많은 변론이 있어 왔다는 사실은 누구나 아는 사실입니다.

그 변론이란 구원은 오직 믿음으로만 받는다는 이론과 믿음만이 아니라 율법적인 의의 행위가 있어야 구원을 받는다는

이론 즉 율법적인 의로운 행위가 구원의 조건이라는 이론이 팽배하게 논의되어 왔던 것이 사실입니다. 이 두 가지 이론이 오늘날 까지도 팽배하게 각을 세우고 옳고 그름을 다투는 데에는 그 나름대로 성서적인 근거가 있기에 가능하다는 생각을 합니다.

여기서는 어리석고 짧은 소견이겠지만 제 나름대로 생각하는 바를 전개하며 의견을 개진하고자 합니다. 우선 제가 믿는 바는 **'구원은 오직 믿음으로만 받는다.'**고 믿습니다.

'믿음 구원'과 '행위 구원'

이제 전개되는 이야기에서는 두 이론을 '믿음 구원과 행위 구원'으로 명명하여 생각을 해 보고자 합니다. '믿음 구원'은 구원은 오직 믿음으로만 받는다는 이론과 '행위 구원'이란 구원은 믿음만이 아니라, 율법적인 의의 행위가 필요하며, 이 행위가 구원의 조건이라고 주장하는 이론을 말하는 것입니다.

먼저 행위 구원 즉 율법적인 의로운 행위가 구원의 조건이다라는 이론에 대한 몇 가지 변론을 생각해 보며, 구원론에 대해 접근해 보고자 합니다.

행위 구원에 대하여

여기서 행위 구원이라 함은 율법적인 의로운 행위가 있어야만이 구원을 받을 수 있다. 즉 의로운 행위가 구원의 조건이라는 주장을 펴는 이론을 말합니다. 물론 믿음 고백에 따른 합당한 율법적인 의로운 행위가 있어야 한다는 주장에 대하여는 반론이 있을 수 없습니다. 다만 그 의로운 율법적 행위가 있어야만 구원을 받을 수 있다, 즉 그 율법적 행위가 구원의 전제 조건이다 라고 주장하는 것은 문제가 있다고 생각합니다.

행위 구원만을 주장하는 분들이 간과한 부분이 있습니다.

첫째 : 율법적 행위의 시점

하나님 앞에 의롭다 함을 받는 구원에 이르는 율법적 의의 행위가 언제 행하여 졌는가 하는 문제입니다.

세상에는 두 종류의 사람이 존재합니다. 믿음의 사람과 불신의 사람, 영의 사람과 육의 사람, 예수 안에 있는 사람과 예수 밖에 있는 사람으로 구분되어집니다.

어떤 사람이 선행, 즉 율법적 의로운 행위를 하였다고 가정하겠습니다. 그 행위의 시점이 예수 안에 있을 때인가? 예수 밖에 있을 때인가로 구분할 수 있을 것입니다. 적어도 구원을 얻기 위한 율법적 행위라면, 그 율법적인 행위가 구원을 받기 전, 예수 밖에서 행하여진 행위라고 스스로 말하는 것과 같습니다. 왜냐하면 구원에 이르기 전 행위이기 때문입니다.

하나님의 관점에서 볼 때, 율법적 의로운 행위가 구원의 조건이라고 주장한다면, 그 행위를 행한 자가 자신의 행위를 내세워 "나를 구원하소서, 내가 이러이러한 의로운 행위를 하였나이다."라고 말하는 것과 같습니다. 비록 내가 구원을 받기 전이지만 내가 행한 이런 행위를 의롭다 여기시고 나에게 구원을 허락하소서 라고 주장하는 것과 같은 것입니다. 이것이 가능한가? 냉철하게 말하면 이것은 내 행위로 하나님을 움직이려는 것과 같습니다.

이들이 무엇을 오해하였나요?
하나님의 율법이 언제 주어졌나요?
모세가 시내산에서 십계명을 받은 후, 십계명과 더불어 율례와 법도와 계명들도 이스라엘 백성들에게 주어졌습니다.

무엇을 말하고자 하나요?
율법이 주어진 때는 이스라엘 백성이 하나님의 능력의 손으로 모세의 지도하에 애굽에서 홍해를 건너 해방을 얻은 후(**구원을 받은 후**) 광야에서 주어진 것입니다.

그러므로 율법적 행위는 구원의 조건으로 성립이 될 수 없는
것입니다.

<u>둘째 : 자신이 의롭다 생각하는 율법적 행위의 강도와 빈도수</u>

　당신은 어찌 생각하시나요?
당신이 주장하는 구원에 이르는 의로운 행위, 즉 하나님으로부터
의롭다 하심을 받고자 하는 행위를 얼마나 하여야 하나요? 단
한 번의 선한 행위로 구원에 이르기에 가능하다 생각하나요?
아니면 일생에 걸쳐 똑같은 행위를 계속하여야 하나요?

　행위에 대한 당신의 기준은 무엇인가요?
간단한 선행이면 되나요?
굶주린 자에게 한 끼의 식사를 대접하는 것이나, 혹은 목마른
자에게 한 모금의 물을 제공하는 것이면 족하나요? 아니면 이
웃을 위하여 목숨을 내어놓는 정도의 선행이어야 그 행위가
하나님 앞에 의롭다 하심을 받아 구원에 이르는 행위라고 말
할 수 있나요?

　선행의 기준은 무엇인가요?
이에 대하여 정확한 대답을 할 수 있나요?
그것은 불가능에 가깝습니다. 아니 할 수 없습니다. 당신은
행위자일 뿐 그 행위에 대하여 선과 악, 의와 불의를 판단하는

자격을 가진 자가 아니기 때문입니다.

> 형제들아 서로 비방하지 말라 형제를 비방하는 자나
> 형제를 판단하는 자는 곧 율법을 비방하고 율법을
> 판단하는 것이라
> 네가 만일 율법을 판단하면 율법의 준행자가 아니요
> 재판관이로다
>
> (야고보서 4:11)

그 행위가 구원에 이를 만한 의로운 행위인가 아닌가에 대한
기준을 정하는 주체는 누구인가요? 행위 구원을 주장하는
본인인가요? 아니면 의롭다 하실 하나님이신가요?

> 이튿날 그들이 길을 가다가 그 성에 가까이 갔을 그 때에
> 베드로가 기도하려고 지붕에 올라가니 그 시각은 제 육
> 시더라
> 그가 시장하여 먹고자 하매 사람들이 준비할 때에 황홀한 중에
> 하늘이 열리며 한 그릇이 내려오는 것을 보니 큰 보자기 같고
> 네 귀를 매어 땅에 드리웠더라

그 안에는 땅에 있는 각종 네 발 가진 짐승과 기는 것과
공중에 나는 것들이 있더라
또 소리가 있으되 베드로야 일어나 잡아 먹어라 하거늘
베드로가 이르되 주여 그럴 수 없나이다 속되고 깨끗하지
아니한 것을 내가 결코 먹지 아니하였나이다 한 대
또 두 번째 소리가 있으되 하나님께서 깨끗하게 하신
것을 네가 속되다 하지 말라 하더라

(사도행전 10:9-15)

행위에 대하여 의와 불의를 판단하시는 분은 오직 하나님 한
분이십니다. 그런데 바로 그 하나님께서 우리가 행하는 의로운
율법적인 행위에 대하여 다음과 같이 말씀하고 계십니다.

귀 기울여 들으세요.

사람이 의롭게 되는 것은 율법의 행위로 말미암음이
아니요 오직 예수 그리스도를 믿음으로 말미암는 줄
알므로 우리도 그리스도 예수를 믿나니 이는 우리가
율법의 행위로써가 아니고 그리스도를 믿음으로써
의롭다 함을 얻으려 함이라 율법의 행위로써는 의롭다
함을 얻을 육체가 없느니라   (갈라디아서 2:16)

또 하나님 앞에서 아무도 율법으로 말미암아 의롭게
되지 못할 것이 분명하니 이는 의인은 믿음으로 살리라
하였음이니라

(갈라디아서 3:11)

하나님은 분명히 말씀하십니다. 육체의 행위로는 의롭다함을
얻을 육체가 없다 하셨습니다.

행위 구원을 주장하는 분들은 다음 말씀에 귀를 기울이시고
마음으로 인정하시기 바랍니다.

할례자도 믿음으로 말미암아 또한 무할례자도 믿음으로
말미암아
의롭다 하실 하나님은 한 분이시니라

(로마서 3:30)

그러므로 사람이 의롭다 하심을 얻는 것은 율법의 행위에
있지 않고
믿음으로 되는 줄 우리가 인정하노라

(로마서 3:28)

위의 말씀을 인정하시나요? 마음으로 인정이 안되나요? 인정하기 싫으신가요?

굳이 일할려고 하는 분들은 일하세요. 그 일로 행위 구원을 주장하려고 하는 분들은 그렇게 하세요. 당신이 생각하고 있는 구원에 이를 수 있는 율법적 행위라고 여기는 일을 행하세요. 다만 그 행위가 하나님 앞에 당신을 의롭다 세울 것이라는 망상은 버리시기 바랍니다.

특히 구원의 조건으로서 의로운 행위를 주장하는 것이라면 다음의 말씀에 귀를 기울이시기 바랍니다.

일을 아니할지라도 경건하지 아니한 자를 의롭다 하시는 이를 믿는 자에게는 그의 믿음을 의로 여기시나니......

(로마서 4:5)

그렇습니다. 일과 상관없이, 다시 말하면 율법의 의로운 행위와 상관없이, 하나님을 믿는 자, 나의 의로움은 당신께 있나이다 하고 믿는 자는 그 믿음으로 하나님께로부터 의롭다 여김심을 받는다 하였습니다.

<u>셋째 : 당신은 율법에 속한 자인가? 믿음의 속한 자인가?</u>

여기서 율법에 속한 자라 함은 율법적 의를 행함으로 구원을 얻으려는 사람들을 말하며, 믿음에 속한 자라함은 구원은 오직 믿음으로 얻는다고 믿는 사람들을 말하는 것입니다. ..

아브라함이나 그 후손에게 세상의 상속자가 되리라고 하신 언약은

율법으로 말미암은 것이 아니요 오직 믿음의 의로 말미암은 것이니라

만일 율법에 속한 자들이 상속자이면 믿음은 헛것이 되고 약속은 파기되었느니라

(로마서 4:13-14)

만일 내가 율법에 속한 자가 되어 행위 구원을 주장하는 사람이라면 그 사람에게는 믿음이 헛 것이 되었고, 그 사람을 향한 하나님의 약속은 파기 되었다고 증거하고 있습니다.

아브라함의 후손, 즉 믿음의 후손은 율법의 행위적 일로 말미암아 아브라함의 후손이라는 자격을 얻는 것이 아니라, 하나님의 약속에 의하여 주어지는 약속의 씨라야 후손이 되는 것입니다.

아브라함의 믿음의 후손은 이스마엘(행위적인 선행)이 아니라 이삭(믿는 자에게 주어지는 약속의 씨)이어야만 합니다.

이 후에 여호와의 말씀이 환상 중에 아브람에게 임하여 이르시되 아브람아 두려워하지 말라 나는 네 방패요 너의 지극히 큰 상급이니라
아브람이 이르되 주 여호와여 무엇을 내게 주시려 하나이까 나는 자식이 없사오니 나의 상속자는 이 다메섹 사람 엘리에셀이니이다
아브람이 또 이르되 주께서 내게 씨를 주지 아니하셨으니 내 집에서 길린 자가 내 상속자가 될 것이니이다
여호와의 말씀이 그에게 임하여 이르시되 그 사람이 네 상속자가 아니라 네 몸에서 날 자가 네 상속자가 되리라 하시고
그를 이끌고 밖으로 나가 이르시되 하늘을 우러러 뭇별을 셀 수 있나 보라 또 그에게 이르시되 네 자손이 이와 같으리라

(창세기 15:1-5)

아브람은 하나님 앞에 커다란 실수를 범하였습니다. 자신과 아내인 사라를 통하여 자녀를 얻을 수 없는 나이가 되었습니다. 결국 아브람은 자신의 뒤를 이을 상속자를 엘리에셀로 정하리라 마음을 먹었습니다.

아브람이 하나님 앞에 다음과 같이 말씀을 드렸습니다. "하나님, 저에게는 지금까지도 자식이 없으니, 비록 내가 낳은 자식이 아니지만은 어려서부터 내 집에서 자라고, 지금까지 내 곁에서 집안일을 도운 다메섹 엘리에셀로 정하겠나이다."

아브람의 말을 들으신 후, 하나님은 이르시기를 "아니라, 그는 너의 상속자가 될 수 없느니라. 오직 네 몸에서 태어날 자가 네 상속자가 되리라."하셨습니다.

결국 아브람의 상속자는 언약에 의하여, 태어남을 통하여 얻어지는 것입니다.

넷째 : 율법은 언제 주어졌으며, 주어진 목적은 무엇인가요?

믿음만이 아니라 율법적 의로운 행위가 구원의 조건이라고 주장하는 것은 엄연히 잘못된 주장이라는 생각이 듭니다.

사람들이 구원에 대하여 언급할 때, 이스라엘 백성들이 모세의 지도하에 하나님의 손에 이끌리어 홍해를 건너 애굽의 바로

왕과 그 군대의 손에서 벗어난 사건을 들어 '구원의 사건'으로 말하기를 주저하지 않습니다.

이 같은 구원이 있은 후, 광야에 이른 이스라엘 백성들에게 비로소 십계명과 율례와 법도와 계명이 주어진 것입니다. 그렇습니다. 율법이 오기 전에 구원은 이루어진 것입니다. 그러므로 하나님의 율법이 이스라엘에게 주어진 것은 구원을 위하여 주어진 것이 아니랍니다.

그렇다면 율법이 주어진 목적은 무엇일까요? 율법의 의로운 행위를 요구하는 것은 그러한 의로운 행위로 인하여 구원을 얻도록 하는데 목적이 있는 것이 아니라, 율법적 행위로는 하나님 앞에 의롭다함을 받을 수 없는 자신을 발견하고 하나님 앞에 자신의 죄인됨을 깨달아 구원자(메시야)를 찾도록 하고자 하는 것입니다. 그리하여 메시야를 믿고 영접하는 믿음의 행위로 의롭다하심 을 얻고 구원을 받게 하려는 데 목적이 있는 것입니다.

이같이 율법이 우리를 그리스도께로 인도하는
초등교사가 되어 우리로 하여금 믿음으로 말미암아
의롭다 함을 얻게 하려 함이라

(갈라디아서 3:24)

그러므로 만일 우리가 율법적 행위를 통한 구원을 이야기한다면 율법이 주어진 목적을 잘못 이해하고 있는 것입니다.

<u>다섯 째 : 자신의 어떤 행위를 의로운 행위로 내세워 하나님 앞에 자신이 의롭다고 주장하며 자랑하고 싶은가요?</u>

너희는 그 은혜에 의하여 믿음으로 말미암아 구원을 받았으니
이것은 너희에게서 난 것이 아니요 하나님의 선물이라
행위에서 난 것이 아니니 이는 누구든지 자랑하지 못하게 함이라

(에베소서 2:8-9)

율법적인 의로운 행위가 있어야 구원하는 것이 아니라, 오직 믿음으로 구원하신다 하시며, 이렇게 하는 이유는 어느 누구든지 자신의 율법적 의로운 행위를 내세워 자랑하지 못하게 하려함 이라고 하는 확실한 말씀이 있음에도 불구하고, 율법적인 의로운 행위가 구원의 조건이라고 주장한다면 다음의 말씀에 귀를 기울이시기 바랍니다.

형제들아 내 마음에 원하는 바와 하나님께 구하는 바는
이스라엘을 위함이니 곧 그들로 구원을 받게 함이라
내가 증언하노니 그들이 하나님께 열심히 있으나
올바른 지식을 따른 것이 아니니라
하나님의 의를 모르고 자기 의를 세우려고
힘써 하나님의 의에 복종하지 아니하였느니라
그리스도는 모든 믿는 자에게 의를 이루기 위하여
율법의 마침이 되시니라

(로마서 10:1-4)

율법적인 의로운 행위를 통하여 자신의 구원을 말하는 사람들은 본인은 결코 그렇지 않다고 부정하면서도, 자신이 행한 의로운 행위를 주장하면서, 은근히 의를 내세우고 자랑하는 모습을 감추지 못하는 것을 봅니다.

어떤 사람은 대놓고, 나에게는 이런 이런 선행이 있는데, 저 사람들은 어쩌고 저쩌구 하면서 '저런 사람에게 무슨 구원이 있겠는가?'라고 말하는 소리도 들어 보았습니다.

두 사람이 기도하러 성전에 올라가니 하나는
바리새인이요 하나는 세리라

바리새인은 서서 따로 기도하여 이르되 하나님이여
나는 다른 사람들 곧 토색, 불의, 간음을 하는 자들과
같지 아니하고 이 세리와도 같지 아니함을 감사하나이다
나는 이레에 두 번씩 금식하고 또 소득의 십일조를
드리나이다 하고
세리는 멀리 서서 감히 눈을 들어 하늘을 쳐다보지도
못하고 다만 가슴을 치며 이르되 하나님이여 불쌍히
여기소서 나는 죄인이로소이다 하였느니라
내가 너희에게 이르노니 이에 저 바리새인이 아니고
이 사람이 의롭다 하심을 받고 그의 집으로 내려 갔느니라
무릇 자기를 높이는 자는 낮아지고 자기를 낮추는 자는
높아지리라 하시니라

(누가복음 18:10-14)

<u>행위 구원을 주장하는 사람이 백보좌 심판대 앞에 섰습니다.</u>

심판자 : 너는 구원을 어찌 받는다고 생각하느냐?

행위 구원자 : 믿음으로만 아니라 율법적 의로운 행함을
　　　　　　　통하여 구원을 받는 것으로 알고 있습니다.

심판자 : 그렇다면 네가 무슨 의로운 행위를 하였느냐?
　　　　하나님 앞에 네가 내세울 것이 무엇인고?

행위 구원자 : 내게 있는 것으로 구제도 심히 많이 하였나이다.

심판자 : 네게 소유하고 있던 것은 본래 누구의 것이더냐?
　　　　　근본 하나님의 것이거늘, 어찌 네 것처럼 자랑하느냐?

은도 내 것이요 금도 내 것이니라 만군의 여호와의
말이니라

(학개 2:8)

누가 너를 남달리 구별하였느냐 네게 있는 것 중에 받지
아니한 것이 무엇이냐 네가 받았은즉
어찌하여 받지 아니한 것 같이 자랑하느냐

(고린도 전서 4:7)

행위 구원자 : ....(유구무언)

<u>여섯째 : 아브라함의 구원은 믿음 구원인가? 행위 구원인가?</u>

　믿음 구원인가? 혹은 행위 구원인가를 논함에 있어서 흔히
예를 들고 토론하는 말씀 중의 하나가 야고보서 22장 20절에
서 24절의 말씀을 들어 아브라함의 구원이 행위 구원에 속한
다고 설파하기도 합니다. 이것은 진정 옳은 주장일까?

아아 허탄한 사람아 행함이 없는 믿음이 헛것인 줄을
알고자 하느냐
우리 조상 아브라함이 그 아들 이삭을 제단에 바칠 때에
행함으로 의롭다 하심을 받은 것이 아니냐
네가 보거니와 믿음이 그의 행함과 함께 일하고 행함으로
믿음이 온전하게 되었느니라
이에 성경에 이른 바 이브라함이 하나님을 믿으니 이것을
의로 여기셨다는 말씀이 이루어졌고
그는 하나님의 벗이라 칭함을 받았나니
이로 보건대 사람이 행함으로 의롭다 하심을 받고
믿음으로만은 아니니라

(야고보서 2:20-24)

　상기의 말씀은 행위 구원을 주장하는 사람들이 주로 인용하는
성경구절입니다. 아브라함이 독자 이삭을 제단에 제물로 드린
사건에 대하여 이야기 하면서 이런 행함으로 아브라함은 하나님
앞에 의롭다하심을 받았고, 구원함을 받았다고, 즉 아브라함도
역시 행함으로 구원함을 받았다고 주장하는 것입니다.

이것에 대하여 몇가지 문제점을 제시하고자 합니다.

문제 하나 : 아브라함의 구원의 시점은 언제인가?

아브라함이 독자 이삭을 제단에 제물로 드린 사건에 대하여 이야기 하면서 이런 행함으로 아브라함은 하나님 앞에 의롭다 하심을 받았고, 구원함을 받았다고 주장한다면 '이삭을 제단에 바치기 이전의 아브라함은 구원받기 이전의 사람인가?'하는 의구심에서 자유로울 수가 없을 것입니다.

아브라함이 하나님께 독자 이삭을 제물로 드리는 제단을 쌓기 이전, 하나님의 택하심이 있었고, 부르시고, 함께 하시었으며, 수시로 아브라함을 찾아오시었으며, 축복의 언약을 하신 모든 사건들을 우리는 어찌 해석하여야 할까요?

하나님이 미리 아신 자들을 또한 그 아들의 형상을 본받게 하기 위하여 미리 정하셨으니 이는 그로 많은 형제 중에서 맏아들이 되게 하려 하심이니라
또 미리 정하신 그들을 또한 부르시고 부르신 그들을 또한 의롭다 하시고 의롭다 하신 그들을 또한 영화롭게 하셨느니라

(로마서 8:29-30)

하나님의 은사와 부르심에는 후회하심이 없느니라

(로마서 11:29)

보세요!

하나님의 구원은 택하심의 때부터 시작된다고 생각합니다. 또한 구원은 우리가 행하는 어떤 행위가 아닌 부르심의 은혜로 이루어지는 하나님의 구원의 역사입니다.

> 그 자식들이 아직 나지도 아니하고 무슨 선이나 악을 행하지 아니한 때에 택하심을 따라 되는 하나님의 뜻이 행위로 말미암지 않고 오직 부르시는 이로 말미암아 서게 하려 하사.....

(로마서 9:11)

여기에 더하여 하나님의 택하심에는 후회함이 없으며, 하나님은 행하고자 하시는 일을 반드시 이루신다는 것입니다. 하나님은 증언하시었습니다.

> "내가 너를 택하였나니 너는 내 것이라.
> 내가 너를 반드시 복주고 복주며 번성케 하고 번성케 하리라."

하나님이 아브라함에게 약속하실 때에 가리켜 맹세할
자가 자기보다 더 큰 이가 없으므로 자기를 가리켜
맹세하여 이르시되 내가 반드시 너에게 복 주고 복 주며
너를 번성하게 하고 번성하게 하리라 하셨더니 그가
이같이 오래 참아 약속을 받았느니라

(히브리서 6:13-15)

문제 둘 : 사건의 본질에 대한 왜곡

그런즉 육신으로 우리 조상인 아브라함이 무엇을
얻었다하리요
만일 아브라함이 행위로써 의롭다 하심을 받았으면
자랑할 것이 있으려니와 하나님 앞에서는 없느니라
성경이 무엇을 말하느냐
아브라함이 하나님을 믿으매
그것이 그에게 의로 여겨진 바 되었느니라

(로마서 4:1-3)

우리는 아브라함의 이삭을 제물로 드린 행위에 대하여 사건의
본질을 왜곡하거나 변질하거나 흐려서도 안 됩니다.

'성경이 무엇을 말하느냐?' 묻습니다. 즉 이 사건을 통하여 말하고자 하는 본질에 대하여 알고 있느냐 하는 물음입니다.

아브라함이 하나님의 지시하심을 따라 이삭을 제단에 드리는 이 사건을 통하여 아브라함이 얻은 것은 무엇이냐고 묻는 것입니다. 아브라함이 이 제사를 통하여 얻은 것은 행위의 의롭다 하심의 자랑이 아닙니다. '하나님을 믿는 '믿음의 의'를 얻었다는 말을 하고 있는 것입니다.

성경을 곡해하여서는 안 됩니다. 하나님 앞에서 자랑 거리가 아닌, 이삭을 드린 이 사건을 들어, 아브라함의 행위가 하나님 앞에 의롭다 하심을 얻었고, 이것이 구원의 근거가 되었다고 주장하는지 이해하기가 어렵습니다.

왜냐하면 아브라함이 이삭을 제물로 드린 행위가 의로운 행위가 되어 자랑할 것이 설령 있다 하여도 하나님 앞에서는 없다는 것입니다. 혹 그 행위가 자기 자신에게, 그리고 인간 사이에서 자랑스러운 행위가 될지언정, 하나님 앞에서는 내세울 것이 없다는 말입니다. 자랑거리가 아니라는 말입니다. 이렇게 하나님 앞에 내세울 것도 없는 행위, 자랑할 것이 없는 행위를 들어 구원의 조건으로 들이대며, 행위 구원을 주장한다면 어찌 어리석다 하지 않으리요!

그렇다면 성경에 기록된 이 사건을 통하여 아브라함이 하나님께 보여드린 믿음은 무엇입니까? 도대체 어떠한 믿음이기에 하나님을 기쁘시게 하였을까요?

보세요!

독자 이삭은 아브라함에게 유일한 희망입니다. 하나님께서 언약하신 하늘의 별 수와 땅의 모래 수와 같은 수많은 후손을 얻을 수 있는 유일한 통로가 바로 이삭이었습니다. 이삭은 바로 축복의 씨앗이었습니다. 그런데 하나님께서 그 씨앗을 제단에 제물로 드리라는 말씀이었습니다.

이 말씀에 아브라함은 깜짝 놀랐습니다. '이삭을 제물로 드리라는 말씀인가?' '그렇다면 이제 나에게는 자손을 얻을 희망이 사라지는 것인가?' '이제 나에게는 바랄 것이 아무 것도 없구나, 하나님께서는 내 몸에서 날 자가 내 씨요, 내 후사요, 내 대를 이을 자라 하지 아니하셨는가? 이제 내 몸에서 낳은 유일한 이삭을 제물로 드린다면 내 대를 누가 이을 것이며, 또 하나님께서 언약하신 하늘의 별 같은, 바다의 모래 같은 자손의 축복은 물거품이 될 것이 아닌가?'

이러한 무수한 의혹에도 불구하고 아브라함은 하나님의 말씀에 순종하기로 결심합니다. 믿음이 일을 합니다. 믿음이 아브라함을 움직였습니다.

하나님께서 하시리라. 친히 하신 언약을 하나님께서 반드시 이루시리라. 후손을 얻을 유일한 희망의 씨앗인 이삭을 죽여 제물로 드려도 하나님은 나에게 하신 언약을 이루어 주시리라. 나는 나와 친히 언약하신 하나님의 말씀을 믿습니다.

아브라함은 이 믿음으로 이삭을 제단에 드린 것입니다. 이 믿음이 하나님 앞에서 의롭다하심을 받은 것입니다.

이것이 이 사건의 전말입니다. 행위에 초점을 맞추어서는 안 됩니다. 믿음에 초점을 맞추세요. 사건의 본질을 흐리지 마시기 바랍니다.

'성경은 무엇을 말하느냐?' 묻습니다. 다시 말하면 이 사건을 통하여 성경이 우리에게 무엇을 제시하며, 믿는 자들에게 무엇을 가르치고자 하는 것입니까?

이 사건을 통하여 성경이 우리에게 말하고 싶은 것은 바로 이것입니다. 아브라함이 소유하고 있는 믿음은 다름아닌 '부활신앙'이었다고 증거하고 있는 것입니다.

아브라함의 부활신앙

아브라함은 시험을 받을 때에 믿음으로 이삭을 드렸으니
그는 약속들을 받은 자로되 그 외아들을 드렸느니라
그에게 이미 말씀하시기를 네 자손이라 칭할 자는

이삭으로 말미암으리라 하셨으니

그가 하나님이 능히 이삭을 죽은 자 가운데서

다시 살리실 줄로 생각한지라

비유컨대 그를 죽은 자 가운데서 도로 받은 것이니라

(히브리서 11:17-19)

성경은 오늘날 믿는 자들에게 다음과 같이 촉구합니다. 부활 신앙을 가지세요. 이것이 하나님 앞에서 의롭다 하심을 받는 믿음이라고 가르치는 것입니다. 이것이 이 사건의 본질입니다.

그리스도께서 죽은 자 가운데서 다시 살아나셨다

전파되었거늘

너희 중에서 어떤 사람들은 어찌하여 죽은 자 가운데서

부활이 없다 하느냐

만일 죽은 자의 부활이 없으면 그리스도도 다시 살아나지

못하셨으리라

그리스도께서 만일 다시 살아나지 못하셨으면 우리가

전파하는 것도 헛것이요 또 너희 믿음도 헛것이며

또 우리가 하나님의 거짓 증인으로 발견되리니 우리가

하나님이 그리스도를 다시 살리셨다고 증언하였음이라

만일 죽은 자가 다시 살아나는 일이 없으면 하나님이
그리스도를 다시 살리지 아니하셨으리라
만일 죽은 자가 다시 살아나는 일이 없으면 그리스도도
다시 살아나신 일이 없었을 터이요
그리스도께서 다시 살아나신 일이 없으면 너희의 믿음도
헛되고 너희가 여전히 죄 가운데 있을 것이요
또한 그리스도 안에서 잠자는 자도 망하였으리니
만일 그리스도 안에서 우리의 바라는 것이 다만 이 세상의
삶뿐이면 모든 사람 가운데 우리가 더욱 불쌍한 자이리라
그러나 이제 그리스도께서 죽은 자 가운데서 다시
살아나사 잠자는 자들의 첫 열매가 되셨도다

(고린도전서 15:20-20)

하나님께서는 믿는 자들의 믿음 안에서 죽은 자 가운데서 다시 살리시는 부활의 믿음을 보고자 하는 것입니다. 이를 위하여 아브라함을 시험하시었고, 아브라함은 말씀에 순종하여 이삭을 제단에 드림으로 '부활의 믿음'을 보여 드렸습니다. 이것이 바로 하나님 앞에 의롭다하심을 받은 것입니다.

일곱 째 : 하늘의 상속자인가? 육적인 상속자인가?

아브라함이나 그 후손에게 세상의 상속자가 되리라고
하신 언약은 율법으로 말미암은 것이 아니요
오직 믿음의 의로 말미암은 것이니라
만일 율법에 속한 자들이 상속자이면 믿음은 헛것이 되고
약속은 파기되었느니라

(로마서 4:13-14)

당신은 믿음으로 얻은 의로 인한 상속자인가? 율법의 행위로
얻은 상속자인가?

아브라함의 상속자는 믿음으로 받을 수 있는 것이라는 사실에
대하여 당신은 어찌하여 극구 모른 체 하며, 율법의 행함으로
상속을 받으려 하나요? 이러한 당신의 결정은 믿음을 헛것으로
만들고 하나님의 구원의 약속을 파괴시키는 결과를 가져오게
되는 것입니다.

여덟 째 : 예수의 십자가에서 흘리신 보혈이 당신의 모든 죄를 덮기에 부족하다고 생각하는가? 그래서 하나님의 마음을 달래기 위하여 당신의 의로운 행위가 구원을 위하여 반드시 필요하다고 생각하는가?

그리스도께서는 장래 좋은 일의 대제사장으로 오사
손으로 짓지 아니한 것 곧 이 창조에 속하지 아니한
더 크고 온전한 장막으로 말미암아
염소와 송아지의 피로 하지 아니하고 오직 자기의 피로
영원한 속죄를 이루사 단번에 성소에 들어가셨느니라
염소와 황소의 피와 및 암송아지의 재를 부정한 자에게
뿌려 그 육체를 정결하게 하여 거룩하게 하거든
하물며 영원하신 성령으로 말미암아 흠 없는 자기를
하나님께 드린 그리스도의 피가 어찌 너희 양심을 죽은
행실에서 깨끗하게 하고 살아 계신 하나님을 섬기게
하지 못하겠느냐

(히브리서 9:11-14)

만일 우리가 우리 죄를 자백하면 그는 미쁘시고 의로우사

우리 죄를 사하시며 우리를 모든 불의에서 깨끗하게

하실 것이요

(요한 일서 1:9)

그러므로 예수도 자기 피로써 백성을 거룩하게 하려고

성문 밖에서 고난을 받으셨느니라

(히브리서 13:12)

예수의 십자가에서 흘리신 보혈은 우리의 양심을 죽은 행실에서 깨끗하게 하며, 또한 우리를 하나님 앞에 거룩한 백성으로 세우사 기쁨으로 하나님을 섬기도록 하신다 하였습니다.

예수 그리스도의 십자가에서 흘리신 보혈은 그 보혈의 공로를 믿고 의지하는 자에게 구원에 이르는 필요 충분 조건입니다.

아홉 번째 : 부딪칠 돌에 부딪친 사람들

그런즉 우리가 무슨 말을 하리요 의를 따르지 아니한

이방인들이 의를 얻었으니 곧 믿음에서 난 의요

의의 법을 따라간 이스라엘은 율법에 이르지 못하였으니

어찌 그러하냐 이는 그들이 믿음을 의지하지 않고 행위를

의지함이라 부딪칠 돌에 부딪쳤느니라

(로마서 9:30-32)

당신은 믿음을 의지하나요? 행위를 의지하나요? 만일 우리가 믿음에 의지하지 아니하고 행위에 의지하여 구원을 이야기 한다면 부딪칠 돌에 부딪친 자가 됩니다.

성경이 무엇을 말하나요? 율법의 행함을 통하여 의롭다함을 얻고, 구원을 받기를 원한다면 의의 법을 따라간 이스라엘이 율법에 이르지 못한 것처럼, 우리의 육체적 행위로 하나님 앞에 의롭다함을 얻지 못함으로 구원에 이르지 못할 것입니다. 결국 에는 부딪칠 돌에 부딪친 사람들이 될 것입니다.

이유는 다음의 말씀에서 확실하게 깨닫게 됩니다.

그러므로 율법의 행위로 그의 앞에 의롭다 하심을

얻을 육체가 없나니 율법으로는 죄를 깨달음이니라

(로마서 3:20)

열 번째 : 구원은 태어나는 것

구원, 즉 하나님의 자녀됨의 역사는 태어남으로 이루어지는 것이요, 행위로서 만들어지는 것이 아닙니다.

이에 대하여 하나님은 아브라함에게 통하여 분명하게 가르쳐 주셨습니다.

이 후에 여호와의 말씀이 환상 중에 아브람에게 임하여 이르시되

아브람아 두려워하지 말라 나는 네 방패요 너의 지극히 큰 상급이니라

아브람이 이르되 주 여호와여 무엇을 내게 주시려 하나이까 나는 자식이 없사오니 나의 상속자는 이 다메섹 사람 엘리에셀이니이다

아브람이 또 이르되 주께서 내게 씨를 주지 아니하셨으니 내 집에서 길린 자가 내 상속자가 될 것이니이다

여호와의 말씀이 그에게 임하여 이르시되 <u>그 사람이 네 상속자가 아니라 네 몸에서 날 자가 네 상속자가 되리라</u> 하시고

그를 이끌고 밖으로 나가 이르시되 하늘을 우러러 뭇별을

셀 수 있나 보라 또 그에게 이르시되 네 자손이 이와
같으리라

(창세기 15:1-5)

하나님께서 아브람에게 이르시기를 "네 몸에서 날 자가 네 씨요,
네 상속자니라."하셨습니다.

아브람과 더불어 하나님 나라를 이어받을 영적 상속자는
아브람의 몸에서 날 자요, 다메섹에서 데려다 기른 엘리에셀이
아닙니다. 엘리에셀은 아브람의 마음에 들었고, 근면하고, 성실
하며, 그의 행함이 선하였기에, 아브람은 그를 후계자로 삼으려
했던 것입니다.

아마도 엘리에셀이 아브람의 집에 있으면서, 아브라함을 따라,
아브라함의 행위를 본 받아 하나님을 섬기는 일에 힘을 다하
였을 것이라는 생각을 합니다. 그러하기에 아브람이 하나님
앞에서 감히 다메섹 엘리에셀을 후계자, 상속자, 믿음의 후계
자를 삼겠다고 말씀을 드렸으리라 생각합니다.

만일 엘리에셀이 하나님을 모른다거나, 혹 하나님을 섬기는
일에 게을리 하거나 나태한 모습을 보이며, 제단을 쌓는 일에
소홀하였다면, 혹 하나님을 섬기는 믿음의 모습이 아브람의
마음에 들지 않았다면 아브람이 하나님 앞에 엘리에셀을 자신을

이을 자로, 믿음의 후계자로 삼겠다고 말씀을 드리지 않았을 것이 분명합니다.

그러나 하나님은 아브람의 제안을 단호하게 거절하십니다. '아브라함아! 너희 후계자는 네 몸에서 날 자라야 하느니라.' 라고 말씀하십니다.

아브라함의 전철을 다시 밟지 말라.

하나님의 자녀는 복음 안에서 믿음으로 낳은 자이며, 결코 율법적 선행으로 얻어지는 것이 아닙니다.

그리스도 안에서 일만 스승이 있으되 아비는 많지
아니하니
그리스도 예수 안에서 내가 복음으로써 내가 너희를
낳았음이라

(고린도 전서 4:15)

갇힌 중에서 낳은 아들 오네시모를 위하여 네게
간구하노라

(빌레몬서 1:10)

너희가 다 믿음으로 말미암아 그리스도 예수 안에서
하나님의 아들이 되었으니.....

(갈라디아서 3:26)

필자가 목회 하는 동안 생긴 일입니다.

은퇴하기 전 몇 년 전이니까 2011년 쯤 되었을 것입니다. 섬기는 교회에 신혼부부가 등록을 하였습니다. 그들은 임신한 상태였고, 신부는 자신은 꼭 자연 분만으로 자식을 낳을 것이라고 늘 말하곤 하였습니다. 해산 할 때가 되어, 병원에 갔는데, 산부인과 의사는 산모에게 권하기를 아무래도 제왕절개 수술을 통하여 아이를 받아야 할 것 같다고 권고하였답니다. 그러나 그 녀는 자신은 꼭 자연 분만으로 아이를 낳겠다고 고집을 부렸고, 결국 의사를 이를 지켜보아야만 하였습니다. 많은 시간 산고의 고통을 겪은 후, 산모는 자연 분만을 포기하고 제왕절개 수술을 통하여 자녀를 얻었습니다.

오랜 시간, 산고의 고통을 겪는 동안, 사고가 발생하였습니다. 태아에 문제가 생긴 겁니다. 뇌에 이상이 발생하였고, 자신의 머리도 제대로 가눌 수 없는 상태였습니다. 유모차에 태우고 나타난 아이를 보며, '아! 아이는 평생 엄마의 손길이 필요하겠구나.'하는 생각을 하였습니다.

그런데 그런 아이를 엄마는 얼마나 애지 중지 아끼며 사랑하는지! 정말로 끔찍이 귀여워 어찌할 바 모르는 모습을 보았습니다.

저는 그 자매의 모습을 보면서 생각하였습니다.

저 자매는 단순히 자기 몸으로 낳았다는 이유로, 어찌 보면 효도는 고사하고 평생을 그 자식 뒷바라지로 힘든 세월을 살아야 할 텐데, 그런데도 저렇게 사랑하는데 하나님의 사랑이 저 자매의 사랑보다 못할까?

하나님이 세상을 이처럼 사랑하사 독생자를 주셨으니
이는 그를 믿는 자마다 멸망하지 않고 영생을 얻게 하려
하심이라

(요한복음 3:16)

열한 번째 : 천국은 의인들의 모임이 아니라, 죄인들의 모임이다.

천국은 율법적인 의를 행함으로 하나님 앞에 의롭다 하심을 받은 자들인 의인들의 모임이 아니라, 죄인이었으며, 여전히 죄인이지만 예수님의 십자가에서 흘리신 보혈의 공로를 의지하고 믿는 자들이 그 믿음으로서 하나님 앞에 의롭다 하심을 받은 죄인들의 모임입니다.

바리새인들이 보고 그의 제자들에게 이르되

어찌하여 너희 선생은 세리와 죄인들과 함께 잡수시느냐

예수께서 들으시고 이르시되 건강한 자에게는 의사가

쓸 데 없고 병든 자에게라야 쓸 데 있느니라

너희는 가서 내가 긍휼을 원하고 제사를 원치 아니하노라

하신 뜻이 무엇인지 배우라 나는 의인을 부르러 온 것이

아니요 죄인을 부르러 왔노라 하시니라

(마태복음 9:11-13)

열두 번째 : 천국은 다양한 신앙의 소유자들이 거주하는 곳
입니다.

만일 율법적인 의로운 행위가 구원의 조건이라면, 행위 구원을
주장하는 사람들의 천국은 장성한 신앙의 소유자들로 충만할
것입니다. 왜냐하면 구원을 얻는데 율법적인 의로운 행위가
반드시 필요하기에 그 곳에는 온통 의를 행할 줄 아는 장성한
신앙을 소유한 신앙인들의 세상일 것입니다.

그러나 천국은 장성한 신앙의 소유자가 있는가 하면, 어린아이
같은 신앙의 소유자도 있으며, 하나님 앞에 자랑스런 신앙의
소유자가 있는가 하면, 행함에 있어서 부끄러운 신앙의 소유자도
있습니다.

신앙에는 젖먹이 신앙이 있고, 어린아이 같은 신앙이 있는가
하면, 장성한 자의 신앙이 있습니다. 젖이나 겨우 먹는 신앙이
있는가 하면, 부드러운 음식이나마 겨우 소화시키는 신앙인이
있고, 어떤 이는 단단한 음식을 소화시킬 수 있는 신앙인이 있는
것입니다. 어떤 이는 불 가운데서 겨우 구원을 받은 상태의
신앙인도 있습니다.

극악무도한 강도, 결국 십자가의 형틀에서 죽어가던 강도,
역시 믿음으로 예수님과 함께 낙원에 있습니다. 율법적인 의로운
행위를 전혀 기대할 수 없는 자까지도.....

예수께서 그 어린 아이들을 불러 가까이 하시고
이르시되 어린 아이들이 내게 오는 것을 용납하고 금하지 말라
하나님의 나라가 이런 자의 것이니라

(누가복음 18:16)

만일 누구든지 금이나 은이나 보석이나 나무나 풀이나
짚으로 이 터 위에 세우면 각 사람의 공적이 나타날
터인데 그 날이 공적을 밝히리니 이는 불로 나타내고
그 불이 각 사람의 공적이 어떠한 것을 시험할 것임이라
만일 누구든지 그 위에 세운 공적이 그대로 있으면 상을 받고

누구든지 공적이 불타면 해를 받으리니 그러나 자신은
구원을 받되 불 가운데서 받은 것 같으리라

(고린도 전서 3:12-15)

너희 중에 심지어 음행이 있다 함을 들으니
그런 음행은 이방인 중에서도 없는 것이라
누가 그 아버지의 아내를 취하였다 하는도다
그리하고도 너희가 오히려 교만하여져서 어찌하여
통한히 여기지 아니하고 그 일 행한 자를 너희 중에서
쫓아내지 아니하였느냐
내가 실로 몸으로는 떠나 있으나 영으로는 함께 있어서
거기 있는 것 같이 이런 일 행한 자를 이미 판단하였노라
주 예수의 이름으로 너희가 내 영과 함께 모여서
우리 주 예수의 능력으로 이런 자를 사탄에게
내어주었으니
이는 육신은 멸하고 영은 주 예수의 날에 구원을 받게
하려 함이라

(고린도 전서 5:1-5)

열세 번째 : 이신득의 신앙과 율법

하나님의 율례와 법도와 계명은 믿는 자에게는 누구나 동일하게 중요합니다. 율법에 따른 의로운 행위에 대하여 이신득의의 신앙의 소유자나, 혹 행위 구원 즉 율법적 의로운 행위가 구원의 조건이라고 주장하는 신앙의 소유자나 율법의 중요성을 말함에 있어서는 차이가 있을 수 없습니다. 다만 율법적 의로운 행위를 행하는 목적이 다르다는 것이다.

이신득의 신앙에 있어서 율법적 의로운 행위는 참으로 중요합니다. 이신득의(**以信得義**), 오직 믿음으로만 구원을 받는다고 주장하는 이들이 하나님의 계명들을 가볍게 여기는 것이 아니라. 다만 우리의 행위의 의로움이 구원의 조건이 아니라, 믿음으로 구원을 받아서 하나님의 자녀가 되었기에, 하늘 백성이 되었기에, 하나님의 율례와 법도와 계명을 지키며 살아야 한다는 것입니다.

율법적인 의를 행하는 목적이 다르다.

율법적 행함을 구원의 조건으로 주장하는 사람들은 율법을 행하는 일차적 목적이 구원을 얻기 위한 것일 것입니다. 왜냐하면 구원을 받는 것보다 더 중요한 일이 없기 때문입니다.

그러나 오직 믿음으로 구원을 받는다고 믿는 사람들은 율법적인 의를 행하는 목적이 구원을 받기 위하여 행하는 것이 아니라, 하나님의 은혜로 인하여 믿음으로 구원을 받았기에, 그 은혜에 감사하여 말씀대로 살려고 힘쓰며 애쓰는 것이며, 구원받아 하나님의 자녀가 되었기에 거룩한 하나님의 자녀답게 살기를 힘쓰며, 하나님 아버지를 기쁘시게 하려 힘써 하나님 아버지의 계명을 지키려는 것이며, 주님의 십자가의 보혈로 인하여 오직 믿음으로 구원을 받아 천국 백성이 되었고, 하나님의 백성으로 인침을 받았으니 천국 백성으로서 하늘의 율례와 법도와 계명을 따르려고 힘써 행하는 것입니다.

이를 행함으로 하나님과 화평을 누리고자 하는 것입니다.

그러므로 우리가 믿음으로 의롭다 하심을 받았으니
우리 주 예수 그리스도로 말미암아 하나님과 화평을
누리자

(로마서 5:1)

믿음으로 구원을 받은 자들이 율법을 행함으로 하나님과 더불어 화평을 이룰 뿐만이 아니라 이로써 얻는 유익은 무엇일까? 그것은 다음과 같습니다.

첫째 : 하나님의 백성으로서의 자존감

세상을 살면서 하나님의 율례와 계명과 법도를 지킴으로서 우리 안에 하나님의 백성으로서 자존감이 상승하는 것입니다. 이 자존감이 어지러운 세상을 살면서 세상을 이기는 힘이 됩니다.

이스라엘 백성들이 사백년 동안의 애굽의 노예 생활에서 이길 수 있었던 것은 우리는 천지만물의 창조주 하나님을 섬기는 자들이라는 믿음과 하나님의 언약의 말씀, 하나님의 백성이라는 자존감이 그들로 하여금 극한 고난 가운데서도 견딜 수 있었으리라 생각합니다. 믿음에 자존감이 결여되면 결코 세상을 이겨낼 수가 없는 것입니다.

둘째 : 축복의 삶

하나님의 말씀을 지키는 삶은 믿는 자에게 축복이 약속된 삶입니다. 하나님의 율법을 지키는 것은 구원을 얻기 위한 것은 아니지만, 하나님의 말씀을 지키는 것은 반드시 필요합니다. 왜냐면 이를 지키느냐, 그렇지 않느냐에 따라서 삶의 질이 달라지며, 복과 저주가 갈리는 것이기 때문입니다.

네가 네 하나님 여호와의 말씀을 삼가 듣고

내가 오늘 네게 명령하는 그의 모든 명령을 지켜 행하면

네 하나님 여호와께서 너를 세계 모든 민족 위에 뛰어나게
하실 것이라

네가 네 하나님 여호와의 말씀을 청종하면 이 모든 복이
네게 임하며 네게 이르리니 성읍에서도 복을 받고
들에서도 복을 받을 것이며

네 몸의 자녀와 네 토지의 소산과 네 짐승의 새끼와
소와 양의 새끼가 복을 받을 것이며

네 광주리와 떡 반죽 그릇이 복을 받을 것이며

네가 들어와도 복을 받고 나가도 복을 받을 것이니라

여호와께서 너를 대적하기 위해 일어난 적군들을
네 앞에서 패하게 하시리라 그들이 한 길로 너를 치러
들어왔으나 네 앞에서 일곱 길로 도망하리라

여호와께서 명령하사 네 창고와 네 손으로 하는 모든
일에 복을 내리시고

네 하나님 여호와께서 네게 주시는 땅에서 네게 복을
주실 것이며

여호와께서 네게 맹세하신 대로 너를 세워 자기의 성민이
되게 하시리니 이는 네가 네 하나님 여호와의 명령을
지켜 그 길로 행할 것임이니라

땅의 모든 백성이 여호와의 이름이 너를 위하여 불리는 것을 보고 너를 두려워하리라

여호와께서 네게 주리라고 네 조상들에게 맹세하신 땅에서 네게 복을 주사

네 몸의 소생과 가축의 새끼와 토지의 소산을 많게 하시며 여호와께서 너를 위하여 하늘의 아름다운 보고를 여시사 네 땅에 때를 따라 비를 내리시고 네 손으로 하는 모든 일에 복을 주시리니 네가 많은 민족에게 꾸어줄지라도 너는 꾸지 아니할 것이요

여호와께서 너를 머리가 되고 꼬리가 되지 않게 하시며 위에만 있고 아래에 있지 않게 하시리니 오직 너는 내가 오늘 네게 명령하는 네 하나님 여호와의 명령을 듣고 지켜 행하며 내가 오늘 너희에게 명령하는 그 말씀을 떠나 좌로나 우로나 치우치지 아니하고 다른 신을 따라 섬기지 아니하면 이와 같으리라

(신명기 28:1-14)

셋째 : 하나님 나라에서의 상급

> 의를 위하여 핍박을 받은 자는 복이 있나니 천국이 그들의
> 것임이라
> 나로 말미암아 너희를 욕하고 박해하고 거짓으로 너희를
> 거슬러 모든 악한 말을 할 때에는 너희에게 복이 있나니
> 기뻐하고 즐거워하라 하늘에서 너희의 상이 큼이라 너희
> 전에 있던 선지자들도 이같이 박해하였느니라
>
> (마태복음 5:10-12)

> 보라 내가 속히 오리니 내가 줄 상이 내게 있어
> 각 사람에게 그가 행한 대로 갚아 주리라
>
> (요한 계시록 22:12)

넷째 : 믿음의 담대함과 힘을 얻는다

이 세상은 영적 싸움터입니다. 공중의 권세를 잡은 사단은 수단과 방법을 가리지 않고 믿는 자를 넘어뜨리려 호시탐탐 노리고 있습니다. 이러한 세상에서 믿는 자로서, 하나님의 자녀로서, 하나님의 백성으로서 하나님의 율례와 법도와 계명을 지키지 않으면, 사단의 조롱거리가 될 것이며, 사단은 이로서 자기들의 승리를 외칠 것입니다. 믿는 자들이 하나님의 율례와

법도와 계명들을 지키는 삶을 통하여 하나님 앞에서 담대함을 얻을 뿐 아니라, 사단 앞에서 담대함을 얻게 되고, 대항할 힘을 얻게 됩니다.

다섯째 : 믿지 않는 자들에게 본이 되는 삶

성경은 믿는 자들을 향하여 권고하시기를 세상에서 믿지 않는 자들에게 본이 되는 삶을 살아야 할 것을 종용하고 있습니다. 믿는 자들이 어떠한 삶을 사느냐에 따라서 하나님께서 영광을 거두시기도 하고, 혹 하나님께 수치와 모멸이 돌아가기도 하는 것입니다.

너희는 세상의 빛이라 산 위에 있는 동네가 숨겨지지 못할 것이요
사람이 등불을 켜서 말 아래에 두지 아니하고 등경 위에 두나니
이러므로 집 안 모든 사람에게 비치느니라
이같이 너희 빛이 사람 앞에 비치게 하여
그들로 너희 착한 행실을 보고
하늘에 계신 너희 아버지께 영광을 돌리게 하라

(마태복음 5:14-16)

그렇습니다.

구원은 오직 골고다 십자가에서 흘리신 주님의 보혈 공로로, 주님의 피흘리심이 나를 위한 대속의 보혈임을 믿는 믿음으로 값없이 구원을 얻게 된 것입니다. 여기에는 어떠한 조건도 없습니다. 오직 믿음 만이 일하는 것입니다.

오직 믿음으로 구원하심을 얻은 성도여!

날 구원하신 주님의 은혜에 감사하여 범사에 주를 기쁘시게 할 것이 무엇인가를 깊이 생각하여, 그 길로 행하며, 주님의 뜻을 받들어 마음을 다하고 목숨을 다하고 뜻을 다하여, 주 우리 하나님을 사랑하여 하나님의 율례와 법도와 계명을 힘써 행합시다.

이제는 오직 믿음으로 구원을 받아 하나님의 자녀가 되었고, 하나님의 백성이 되었으니, 하늘의 율례와 법도와 계명을 지키며, 하나님께 영광을 돌립시다.

이제 결론을 맺으려 합니다.

하나님의 영으로 지음을 받은 아담을 위하여 새로이 가꾸신 에덴 동산(낙원)을, 아담이 범죄하여 에덴 동산에서 쫓겨난 후에도, 그룹들과 두루도는 불 칼을 두어 에덴 동산을 향한 길을 지켜 굳건하게 보존하셨습니다.

후에 하나님께서는 아브라함을 택하시어 믿음의 조상으로 삼으시고, 그 후손(이스라엘 백성)들을 낙원으로 인도하시고자 하였습니다. 그러나 그들은 목이 곧고 완악한 백성들이 되어 하나님의 연단(애굽에서의 400년의 종살이)에도 불구하고 낙원에 거하기에 합당한 사람들로 변화되지 못하였습니다.

결국 이들을 위하여 구원의 계획을 세우신 하나님은 독생자 예수를 이 땅에 보내시어 그들을 낙원으로 이끄시고자 한 것입니다. 이에 더욱 큰 은혜를 베푸시어 예수님의 십자가에서 흘리신 보혈을 믿는 자마다 구원의 길(낙원으로 향하는 길)을 활짝 열어 놓으셨습니다.

하나님이 세상을 이처럼 사랑하사 독생자를 주셨으니 이는 그를 믿는 자마다 멸망하지 않고 영생을 얻게 하려 하심이라

(요한복음 3:16)

사람이 마음으로 믿어 의에 이르고 입으로 시인하여 구원에 이르느니라

(로마서 10:10)

골고다 십자가 위에 매달려 죽어가던 강도는 함께 십자가의 형틀에서 매달려 대속의 피 흘림을 당하시는 예수를 향하여 믿음으로 간구합니다. 그리고 그 강도는 오직 믿음의 고백으로 인류의 최대의 소망인 낙원을 소유할 수 있었습니다.

달린 행악자 중 하나는 비방하여 이르되 네가 그리스도가 아니냐 너와 우리를 구원하라 하되 하나는 그 사람을 꾸짖어 이르되 네가 동일한 정죄를 받고서도 하나님을 두려워하지 아니하느냐 우리는 우리가 행한 일에 상당한 보응을 받는 것이니 이에 당연하거니와

이 사람이 행한 것은 옳지 않은 것이 없느니라 하고 이르되 예수여 당신의 나라에 임하실 때에 나를 기억하소서 하니 예수께서 이르시되 내가 진실로 네게 이르노니 오늘 네가 나와 함께 낙원에 있으리라 하시니라

(누가복음 23:39-43)

강도 : 당신의 나라에 임하실 때에 나를 기억하소서
예수 : 내가 진실로 네게 이르노니 오늘 네가 나와 함께 낙원에 있으리라

이와 같이 강도는 낙원을 훔쳤습니다.
강도는 인류 최대의 소망인 낙원을 소유한 자가 되었습니다.